Christoph Schilling
Blocher

Christoph Schilling

Blocher

Aufstieg und Mission eines
Schweizer Politikers und Unternehmers

Limmat Verlag
Zürich

Umschlagbild: Albert Anker, Der Quacksalber, 1881

© 1994 by Limmat Verlag, Zürich
ISBN 3 85791 226 X

Inhalt

Teil 1

Polnische Interessen   15
O die Väter! die Väter!   22
Mozart war ein Industrieller   31
Deutschschweizerische Herzensergiessungen   36
Spaziergang in Meilen   47
Emser Wasser und Birchermüesli   53
Aus dem Diener Blocher wird ein Grossverdiener   68
Von inneren Werten und einer (Pharma) Vision   79
«... welch gewaltige und herrliche Kräfte
   im Bauernstande ruhen»   90
Von der Bauern- zur Blocherpartei   98

Teil 2

Ist Blocher ein Rechtspopulist?   109
Blochers Feindbilder   112
Der Herr und sein Volk   128
Vom Geheimnis der Führung   132
Geschichte als patriotisches Schmiermittel   137
Propaganda als Mittel zur Selbstinszenierung   141
Blocher ist ein Rechtspopulist   150
Rechte Verflechtungen   153
Der rechte Schweizer   173

Kurzbiographie Christoph Blochers   179
Quellen   181

Da sind die Unbedenklichen, die niemals zweifeln.
Ihre Verdauung ist glänzend, ihr Urteil ist unfehlbar.
Sie glauben nicht den Fakten, sie glauben nur sich. Im
    Notfall
Müssen die Fakten dran glauben. Ihre Geduld mit sich selber
Ist unbegrenzt. Auf Argumente
Hören sie mit dem Ohr des Spitzels.

Bertolt Brecht, *Lob des Zweifels*

Zürich, den 20. November 1993

Werter Herr Blocher

Ihre rechte Hand, ich erlaube mir, Ihren Herrn Generalsekretär als solche zu bezeichnen, ich kenne mich in der Industrie nicht so aus, sie hat mich am 18.11.1993 telefonisch gebeten, Angaben zu folgenden vier Punkten zu machen, damit Sie mir ein Gespräch gewähren:
1. Angaben zu meiner Person. 2. Inhalt des Buches. 3. Verlag. 4. Zweck des Buches. Ich beantworte die Fragen in derselben Reihenfolge.
1. Ich bin 1965 in eine siebenköpfige Arbeiterfamilie hineingeboren worden, nach der üblichen Schulbildung durfte ich an die Kantonsschule Baden ans Literargymnasium, nachher habe ich in Zürich und Berlin Geschichte und Germanistik studiert. Meine Hobbys sind Schauen und Staunen. Schon in der Kantonsschulzeit habe ich nebenher für Zeitungen geschrieben, später dann für die «Weltwoche», das «Aargauer Volksblatt» (Redaktor), die «WochenZeitung», den «Tages-Anzeiger», den «Nebelspalter» und die «Zürichsee-Zeitung». Weil man da aber nicht viel verdient, habe ich auch gearbeitet als: Schichtarbeiter in einer Spanplattenfabrik, Nachtconcierge in einem Fünf-Sterne-Hotel, Fensterputzer in einer Reinigungsfirma, auf dem Bau (Hoch- und Tiefbau), im Büro (Direktionssekretär, also auch so eine Art rechte Hand) und als Hilfsarbeiter.
2. Zum Inhalt liesse sich einiges sagen. Ich sage Ihnen zuerst, was ich nicht mache: Ihr Privatleben interessiert mich soviel wie die brasilianische Sumpfmücke, nämlich überhaupt nicht. Mich interessiert nur die öffentliche Person Blocher, das heisst der Unternehmer und der Politiker. Ich möchte darstellen, was Sie so sagen und wie Sie es sagen, das heisst, ich werde Ihnen und der Leserschaft zu erklären versuchen, was Rechtspopulismus ist (weil Ihnen das bisher noch niemand genau erklären konnte). Ferner interessiert mich, wie

aus einem mittellosen Pfarrerssohn ein Multimillionär wird, weil das auch für meine eigene Biographie nützlich sein könnte. Sie vermuten es schon, es wird ein sogenannt engagiertes und vielleicht sogar kritisches Buch.

3. Mein Verlag heisst Limmat Verlag.

4. Der Zweck des Buches ist – wie soll ich das formulieren? Wenn ich nicht wüsste, dass man mit so grossen Worten vorsichtig umgehen muss, würde ich schreiben: Aufklärung.

Ich hoffe, Ihnen mit diesen Angaben gedient zu haben, und freue mich auf ein Gespräch mit Ihnen.

Mit freundlichen Grüssen
Christoph Schilling

Zürich, den 24. Dezember 1993

Sehr geehrter Herr Schilling

Leider komme ich erst heute dazu, Ihr Schreiben vom 20.11.93 zu beantworten.

Sie möchten mit mir ein Gespräch führen, weil Sie ein Buch über meine Person schreiben. Dabei wollen Sie «der Leserschaft zu erklären versuchen, was Rechtspopulismus ist» und wie «aus einem mittellosen Pfarrerssohn nun ein Multimillionär wird». Diese Aussagen zeigen, dass Sie, bevor Sie den Gegenstand untersucht haben, die Schlussfolgerung schon kennen. Sie möchten nun anhand von Untersuchungen beweisen (und sich auch später noch auf ein Gespräch mit mir berufen), dass und warum Blocher ein sogenannter Rechtspopulist ist. Das ist ein fragwürdiges Unterfangen. Vor allem, weil ja eine Untersuchung von Ihnen auch den gegenteiligen Schluss zulassen könnte, was aber bei Ihnen nicht mehr der Fall sein darf.

Wie aus einem mittellosen Pfarrerssohn ein Unternehmer wurde und warum dieses Unternehmen heute relativ hoch bewertet wird, ist in der Öffentlichkeit zur Genüge dargestellt worden. Dazu erübrigt sich ein Gespräch.

Darum macht es wohl keinen grossen Sinn, dass wir noch ein solches Gespräch führen.

Mit freundlichen Grüssen
Blocher

Anmerkung des Verfassers: Auf einen zweiten, geschmeidigeren Brief erhielt ich keine Antwort. Blocher kommt aber trotzdem ausführlich zu Wort (die Zitate aus seinen Reden, Artikeln, Parlamentsvoten und Interviews sind *kursiv* gesetzt).

Teil 1

Polnische Interessen

Wenn irgendwo ein Mensch gebraucht wird, dann stellt Gott eben einen an den leeren Platz. Christoph Blocher ist fasertief davon überzeugt, dass Gott uns an den Posten stellt, den Er für uns auserwählt hat: den Dreher an die Werkbank, den Fabrikarbeiter in die Fabrik, den Müllmann auf die Hinterkante des Müllwagens, die Hausfrau an den Herd, den Blocher an die Spitze der Ems-Chemie. Und dieser Auftrag von oben, der will ernst genommen sein: *Der «Verantwortliche» hat in besonders ausgeprägtem Masse über sich noch ein «Wort». Ihm besonders ist etwas «gesagt».* Er hat einen *Auftrag*, eine *Pflicht* auferlegt bekommen, der er nun *unterworfen, untertan* ist.

Untertan Blocher ist also keiner, dem man 850'000 Franken anbieten könnte, damit er nicht Generaldirektor der Firma wird, wie das kürzlich eine britische Wursthaut-Firma vorgemacht hat (sie entschied sich kurzfristig für einen anderen Boss als den schon erkürten). So einer ist er nicht. Seine Befehle kommen von weiter oben.

Was aber geschieht, wenn ein anderer ebenfalls vom Auftrag beseelt ist, Untertan zu werden und den Emser-Werken zu dienen? Wenn Gott aus Versehen zwei an denselben Posten beordert hat? Dann geschieht folgendes: Privatdetektive kidnappen Kehrichtsäcke, die Bundesanwaltschaft holt ein paar mutmassliche Wirtschaftsspione aus dem warmen Bett und verhaftet sie, langjährige Direktoren im Dienst der Emser-Werke werden fristlos entlassen.

Wir befinden uns im Jahre 1977 und begeben uns an den Tatort. Die «Aktion Müll» eines Sankt Galler Privatdetektivbüros beginnt. Ziel: einen vor dem Hause der Cora Engineering Chur AG deponierten Abfallsack zu stibitzen. Eine Routineangelegenheit, möchte man sagen. Am 18. Juli 1977, punkt 12.15 Uhr, stellt die Sekretärin der Firma wie immer den Güsel vor die Tür. Fünfzehn Minuten später schiebt sich auffällig unauffällig ein glatzköpfiger Privatdetektiv mit grünem Hemd und Sonnenbrille von der Stadt her Richtung

Geschäftshaus. Er tut so, als ob er spazieren würde. Er spielt, dass man sieht, dass er spielt; schaut dabei immer wieder auf seine Armbanduhr. Um 12.40 Uhr biegt ein Fiat-Bus in die Strasse ein und stoppt genau vor dem Abfallsack. Die Glatze packt den Müll und verfrachtet ihn in den Bus.

Drei Tage später wird der Abfall von einem gemieteten Mercedes (Berner Kennzeichen) abgeholt. Diesmal übernimmt eine Frau die Rolle des Mülleinsammelns. Auch eine dritte Ladung kommt nie dort an, wo sie hingehört: in die Kehrichtverbrennungsanlage; jetzt ist es ein Mercedes mit Liechtensteiner Kennzeichen, das Detektiv-Duo tarnt sich als Liebespärchen. Beim vierten Mal klappt es nicht, denn der Abfall steht unter Polizeischutz.

Diese Müllschlacht ist Teil eines erbarmungslosen Machtkampfes zwischen den Direktoren der Inventa AG, einer rechtlich selbständigen Tochterfirma der Emser-Werke, die den gesamten Patentbesitz der Emser-Gruppe verwaltet und bis dahin weltweit hundertzwanzig Fabriken für Polyester und Nylon erstellt hat, und dem damaligen Verwaltungsrats-Delegierten und Direktionspräsidenten der Emser-Werke AG, Christoph Blocher.

In einer Presseerklärung vom 8. März 1977 hatte Blocher schwere Anschuldigungen gegen zwei seit zwanzig Jahren im Dienst der Firma stehende Direktoren der Inventa AG erhoben: ungetreue Geschäftsführung, Kreditschädigung, Verletzung von Fabrikations- und Geschäftsgeheimnissen und – dies die Bombe – wirtschaftlicher Nachrichtendienst zugunsten ausländischer Unternehmungen. Der Volksmund nennt dies Spionage.

Die beiden Direktoren waren schon Mitte Januar kaltgestellt worden. Eines Morgens – es hudelte und schneite wie aus Kübeln, Direktor Blocher hatte wieder einmal seine Militärschuhe montiert, was im Werk allgemein als schlechtes Zeichen ausgelegt wurde –, eines Morgens also hatte Blocher die beiden zu sich zitiert und ihnen einen halben Tag Zeit gegeben, ihr Büro zu räumen: Suspension und Werksverbot, weiteres folge.

Es folgten die fristlose Entlassung und eine Posse, wie sie nur im Kalten Krieg denkbar ist (hoffentlich). Es war das Jahr, als der

Jeanmaire-Prozess begann; es war die Zeit, als die Russen und Amerikaner darüber stritten, ob der sowjetische Überschallbomber «Backfire» und die amerikanischen «Cruise-Missiles» als strategische Rüstungsträger einzustufen seien oder nicht; die Zeit, als Bundespräsident Furgler anlässlich der Cincera-Affäre verlauten liess, der Bürger müsse zwar wachsam sein und eventuelle Beobachtungen den Behörden melden, aber Schnüffeln gehe dann doch zu weit (weil das Sache des Staates sei, wie er präzisierte); und es war die Zeit, als ein Christoph Blocher, offensichtlich ohne Beweise, zwei Mitarbeiter bei der Bundesanwaltschaft als Ost-Spione denunzieren konnte.

Und die Bundesanwaltschaft liess sich nicht zweimal bitten. Der eine der beiden angeblichen Ostspione, Rudolf S., erinnert sich. (Der andere auch, mag aber nicht mehr darüber reden.) Die Presseveranstaltung in Ems erfolgte am Tag von S.' Verhaftung, mit vorbereiteter Pressemappe und Eingangskontrolle. Offenbar arbeiteten die Emser und die Bundesanwaltschaft zusammen. Noch am Vorabend, sagt S., habe ihn die Sekretärin Oswalds, des Besitzers der Emser-Werke, angerufen, ob er am nächsten Morgen zu Hause sei: Oswald müsse ihn sprechen. Er bejahte, wunderte sich aber, denn der Chef sei eher ein Morgenmuffel gewesen. Morgens um sieben stand dann nicht Oswald, sondern standen zwei Beamte der Bundesanwaltschaft vor der Tür und begehrten Einlass (mit Hausdurchsuchungsbefehl). Sie durchsuchten seinen Schreibtisch und fanden, was sie finden wollten: seinen Pass.

«Ja, da haben wir's ja», meinte Beamter I. – «Ja, da haben wir's», meinte auch Beamter II. Und sie meinten das polnische Visum und führten S. ab. «So, Sie waren also in Polen, Herr S.?»

Er war. S. hielt sich manchmal in Polen auf, weil die Inventa auch im Ostblock (Polen, Rumänien, Bulgarien) ein paar Fabriken baute. Ein paar Stunden später, S. wurde noch verhört, orientierte Blocher die Presse bereits über die Verhaftung und nannte wenig zimperlich die Namen der nicht anwesenden Beschuldigten.

Herr S. war jetzt der Spion. Sein Fall ist in seiner Fiche unter dem Datum vom 25.2.77 nachzulesen:

«v. ▮▮▮▮▮▮ Die Emser-Werke AG Domat-Ems haben angefragt, wie in einem Verdachtsfall – vermutet wird wirtschaftlicher Nachrichtendienst – vorzugehen sei. Die verdächtigen Personen sind Schweizerbürger. Es soll sich um polnische Interessen handeln.»

Da tat man Herrn S. unrecht: Er war ein rechter Schweizer, Major im Militär, der SVP nicht abgeneigt. Zwanzig Jahre lang hatte er für die Emser-Tochter gearbeitet, und zwar saugut und solide, so sagen andere. Ausserdem hatte er damals in seinem Vertrag ausdrücklich verlangt, er wolle nicht im Ostblock arbeiten.

Der geköpfte Inventa-Rumpf solidarisierte sich nach der Pressekonferenz mit seinen beiden abgezwackten Gliedern und blieb für einen Tag demonstrativ der Arbeit fern. Ohne Erfolg.

Ein anderer Manager hätte wohl seinen Abschied gegeben – nicht aber Blocher, der Diener. Er brachte in dieser Zeit so nebenbei noch seine Wahl zum SVP-Präsidenten der Kantonalpartei Zürich glatt über die Bühne, obwohl er in der Partei nicht unumstritten gewesen sein soll. Seine Rolle in dieser Spionage-Sache weckte Zweifel, doch der Zürcher SVP-Nationalrat Rudolf Reichling gab eine Ehrenerklärung für ihn ab. Es soll hurtig herumtelefoniert worden sein, ob Blocher überhaupt tragbar sei als Präsident. Er schien.

Wie ging es weiter? Die Bundesanwaltschaft schob den Spionage-Fall nach fünf Wochen der Bündner Staatsanwaltschaft zu. Doch der Spionage-Vorwurf klebte noch immer an den Verhafteten, die Zentrale mochte ihn nicht aufheben. Die Bündner Staatsanwaltschaft aber sprach im Juli 1977 die Angeschuldigten in allen wesentlichen Punkten frei. Im Februar 1978 liess auch die Beschwerdekammer des Bündner Kantonsgerichts die Ems-Chemie abblitzen. Ein paar Monate später hob zwar das Bundesgericht aus formellen Gründen den Entscheid der Bündner Beschwerdekammer wieder auf, doch danach verliefen die Vorwürfe im Sand, es kam nie zu einer Anklage und zu einer Verurteilung.

Wieso lässt Blocher zwei langjährige, hochqualifizierte Mitarbeiter als Ost-Spione verhaften?

Seit 1975 gab es in der Ems-Chemie ernsthafte Auseinandersetzungen zwischen der Konzernleitung (Dr. Oswald, dem Gründer und Mehrheitsaktionär, und Dr. Blocher, seinem Kronprinzen) und der Direktion der Inventa AG (die beiden Verhafteten) darüber, wie die Tochterfirma weiterzuführen sei. Die Inventa-Spitze schlug vor, eine italienische Engineering-Firma an der Inventa zu beteiligen, weil sie nicht daran glaubte, dass die Inventa aus eigener Kraft in neue Verfahrensbereiche vorstossen könne. Zudem wollte sie ihre Mitarbeiter am Aktienkapital beteiligen. Eine schroffe Absage Blochers bestärkte die beiden, die Zukunft der Firma in die eigenen Hände zu nehmen – wenn nötig sogar zum Preis einer Abkehr von den Emser-Werken. Um bessere Karten zu haben, gründeten sie zusammen mit einem bekannten Treuhänder der Region eine Engineering-Gesellschaft mit Namen Cora und Sitz in Chur (ein allerdings eher ungewöhnliches Mittel) und teilten dies im November 1976 Blocher mit. In einem folgenden Gespräch kam wieder keine Einigung zustande, und Blocher holte zum oben beschriebenen Angriff aus. In solchem Geschäftsgebaren vermochte er nur eines zu erkennen: Verrat und – den Osten!

Er liess verlauten, dass hinter der Cora «grosse ausländische Unternehmungen, und zwar mit Sicherheit eine italienische Firma, ein grosses staatliches Unternehmen des Ostblocks und ein westeuropäischer Chemiekonzern» stünden. Zielsetzung der Cora sei, «via Kader der Inventa mit einem Schlag in den Besitz des gesamten technischen Know-how sowie aller Geschäfts- und Fabrikationsgeheimnisse der Emser-Gruppe zu gelangen» und «die Inventa nach erfolgter personeller Aushöhlung aktions- und konkurrenzunfähig zu machen».

Die Bundesanwaltschaft soll nicht glücklich gewesen sein über diese Presseverlautbarung, weil sie mit ihr nicht abgesprochen war und die Verhöre noch liefen. Die «Bündner Zeitung» fragte damals, warum die Bundesanwaltschaft nicht beide Seiten mit einem strikten Veröffentlichungsverbot belegt habe. Aber die Blocher-Breitseite prätschte frontal in die Medienplanken. Die Frontseiten der Zeitungen hatten am 9. März 1977 einen Top-Aufhänger: «Wirtschaftsspionage in den Emser-Werken?» Sollte etwa Brigadier Jeanmaire, der bereits hinter Gittern steckte, nur ein kleiner Fisch in einem eigentlichen Spionage-Nest sein?

Die Staatsanwaltschaft Graubünden kam in ihrer Urteilsbegründung zum Schluss: «Dr. S. und seinen Gefolgsleuten ging es (...) nicht in erster Linie darum, in einer von der Inventa losgelösten Engineering-Firma tätig zu sein. Ihre primäre Absicht ging vielmehr dahin, Kapital bereitzustellen, um ihre Ziele, namentlich Mitarbeiter-Beteiligung, die Mitsprache- und Mitentscheidungs-Möglichkeit sowie die Erhaltung der Selbständigkeit der Inventa (...) realisieren zu können. Die Aktivierung einer von Inventa grundsätzlich losgelösten Engineering-Firma wurde nur für den Fall in Erwägung gezogen, dass eine Verständigung mit Inventa über die angestrebten Ziele nicht zu erreichen sei.»

Rekapitulieren wir: Zuerst bearbeitete die Bundesanwaltschaft den Fall. Nach fünf Wochen schob sie ihn an die Bündner Staatsanwaltschaft ab – ohne die Frage: Spionage ja oder nein? beantwortet zu haben. Wirtschaftlicher grenzüberschreitender Nachrichtendienst könne nicht ausgeschlossen werden, meinte die Bundesanwaltschaft. Wieso gab sie den Fall an den Kanton weiter? Die «Bündner Zeitung» fragte sich nochmals: Was denn nun die Bündner Staatsanwaltschaft mit diesem Spionage-Fall solle, wenn die Bundesanwaltschaft nicht in der Lage sei, ihn zu klären. Und sie mutmasste, ob die Bundesbehörden nicht ganz einfach Blocher und Oswald auf den Leim gekrochen seien.

Die Familien der Angeschuldigten hatten weiter mit dem Spionagemal auf der Stirn zu leben. Frau S. getraute sich kaum mehr, in Chur einzukaufen, das sei nicht lustig gewesen. Ferner wurden sie von zwei Detektivbüros noch ein bisschen beschattet; einmal versteckte sich einer im Gebüsch vor dem Haus, ein andermal hängte S. einen roten BMW ab. Seine Fichen bestätigen die Beschattung. S. versuchte es erfolglos mit einem Brief an Bundespräsident Furgler. Und die beiden arbeitslosen Direktoren fragten sich allmählich, wer denn nun eigentlich den Bürger vor dieser Art von Justiz schütze.

Rudolf S. sagt heute, es sei damals noch um etwas anderes gegangen: Hans S., der zweite entlassene Inventa-Direktor und technisch bestimmende Mann der Forschung, könnte dem Aufsteiger Blocher im Wege gestanden haben. Das ist natürlich eine Unterstellung, doch schon unter Werner Oswald kam es öfter zu heftigen Intrigen. Und auch mit dem Auftauchen Blochers soll der Verschleiss an Spitzenkräften nicht seltener geworden sein, wie der «Tages-Anzeiger» damals schrieb.

Blocher jedenfalls hat das Spiel gewonnen, wenn auch mit hohem Aufwand. Die Inventa-Direktoren sind von der Ems-Lohnliste gestrichen. Und er hat uns das *Geheimnis der Führung* demonstriert, wie er in der «Neuen Zürcher Zeitung» hat schreiben dürfen: *Ich erachte es als die entscheidende Aufgabe der Führung, von oben her überall dort, wo geführt wird und geführt werden muss – sei es in der Wirtschaft, der Politik, der Armee –, den Geist der unbedingten Sachbezogenheit zu erzeugen ...*

Und eines wissen wir nun auch: Da hat einer Gott ein bisschen nachgeholfen.

O die Väter! die Väter!

Wohin hat er Blocher gestellt, der liebe Gott, wo ihn verankert, eingebettet, eingelagert, angesiedelt, ausgesetzt, eingepflanzt und deponiert?
Dahin. Zuerst ins Pfarrhaus in Laufen am Rheinfall, wo B. religiös (protestantisch) geimpft wurde, dann in den Stall, auf die Wiesen und Äcker, wo das Leben ganz anders duftet als im Pfarrhaus. Bauer Blocher, der Stabgereimte, klingt ganz natürlich, doch Gott hatte anderes im Sinn, unergründlich ist Seine Regie: Schickte ihn auf die Universität und hernach in die Industrie, was seine endliche Bestimmung zu sein scheint – es sei denn, er würde, weiss Gott, noch Bundesrat.
Laufen besteht aus einem Kalkfelsen mit einem Schloss obendrauf, dem berühmten Rheinfall, einer Kirche, einem Friedhof, einem Pfarrhaus, dem benachbarten Mesmerhaus, einem Restaurant («Schlosshappen»), zwei Höfen und 999 Parkplätzen. Das Dorf, genauer, der Krachen, gehört mehrheitlich dem Staat (Schloss, «Schlosshappen», Pfarrhaus), was Blochers Hass gegen den wirtschaftenden Staat erklären könnte. Laufen ist berühmt geworden durch sein Wasser, das sich an diesem Knie so imposant über eine Felsbank wälzt, dass der Begriff Rheinfall nicht übertrieben wirkt. Das Geräusch, das er verursacht, soll man noch vor fünfzig Jahren in stiller Nacht einige Wegstunden weit vernommen haben. Hier wird so ausführlich darüber berichtet, weil dieses Wasser uns noch helfen wird, die Aktiengesellschaft zu erklären.
So weit zur Geographie. Wenden wir uns nun der Soziographie zu: dem Pfarrhaus.
Pfarrkinder wachsen anders auf als Bauernkinder oder Arbeiterkinder, eher wie Lehrerkinder. Das Pfarrhaus ist wie ein Glashaus, da schaut die ganze Gemeinde hinein. Ich erinnere mich an T., der mit mir durch die Primarschule gewetzt ist; seine Mutter war unsere

Lehrerin, und ich hatte das Gefühl, dass T. immer ein bisschen mehr Haare lassen musste nach einem Streich und die Ohrfeige der Lehrerin lauter knallte als bei unsereinem. Er war der Sohn, hatte Vorbild zu sein. Auch Pfarrkinder wachsen auf dem Präsentierteller auf.

Pfarrhäuser haben uns viele *Feine, Gescheite, Differenzierte* geschenkt, wie Blocher sie einmal genannt hat. Im Pfarrhaus wird viel gesungen und musiziert, gelesen und diskutiert. Im Haus steht in der Studierstube des Pfarrers eine eigene Bibliothek zur Verfügung. Bücher und nochmals Bücher, und vor allem das eine: die Bibel, die darauf wartet, ausgelegt und ausgeweidet zu werden. Das verlangt die Kunst der Textauslegung, die Kultur des Wortes und eines Sinnes, der erst geschaffen werden muss. Pfarrkinder haben die Chance, solche Fähigkeiten früh zu erwerben. Darum stammen so viele Feine, vor allem sprachlich orientierte, aus Pfarrhäusern. Vater Wolfram Blocher hat einem seiner Söhne den Zweitnamen Wulfila verpasst, zu Ehren des gotischen Bischofs aus dem 4. Jahrhundert, der als erster die Bibel ins Deutsche übersetzt hat.

Die wichtigsten Produktionsmittel des Pfarrers sind Hirn und Stimme. Wenn man darauf hinweist, Blocher habe kein Geld, kein Kapital von zu Hause geerbt, dann ist das nur die halbe Wahrheit: Er hat Kapital geerbt, nämlich Bildung Rhetorik. Er redet, so sagt man, wie ihm der Schnabel gewachsen ist. Andere schaffen es bis zum Lebensende nicht, so zu reden, weil ihnen der Schnabel gar nicht erst gewachsen ist.

B. war das Pfarrhaus bald zu eng, vielleicht auch zu leblos. Er mag Lust empfunden haben auf den Teufel, was nur allzu verständlich ist, denn der Herr Pfarrer war ein gestrenger Herr, ging im Haus nie ohne Krawatte herum, bei Tisch herrschte Schweigen. Christophs Bruder Gerhard erzählt, der Vater sei sehr lustig, aber auch mit einer dunklen Seite ausgestattet gewesen. Wegen seiner Depressionen war er in Behandlung. Die Mutter, die übereinstimmend als Herzensgute beschrieben wird, habe das ausgeglichen (sie sitzt nebendran und lächelt verschmitzt). Christoph sagt über den Vater: *Manchmal hatten wir Angst in seiner Gegenwart.*

Hans S., der früher den Bauernhof neben dem Schloss bewirtschaftete (sein Baumgarten ist jetzt ein Parkplatz und sein Hof Teil des «Schlosshappens»), erinnert sich gut: Ein strenger Herr sei er gewesen, der Wolfram, wie man ihn genannt habe, aber freundlich, alte Schule. Hans S. kommt Bischof Haas in den Sinn, ja, wahnsinnig konservativ sei der Wolfram gewesen: Seid fruchtbar und mehret euch, dieses Motto habe er auch praktiziert (elf Kinder). Sogar gegen die Kindergärten sei er losgezogen, hatte die Ansicht, dass das Kind möglichst lange in der Familie bleiben solle. Vielleicht sei deshalb eine Tochter des Pfarrers Kindergärtnerin geworden. Hans S. erinnert sich, wie es Krach gegeben hat, als sie an einem Sonntag ihr Heu in die Scheune fuhren (am siebten Tage sollst du ruhen). Vieles habe er verteufelt. Zum Glück sei da noch die Frau Pfarrer gewesen, eine tapfere Frau, die habe vieles wieder gradgebogen, was er verbogen habe. Ernst sei er gewesen, todernst, ein tiefer Glaube habe ihn durchweht, auf der Strasse habe er die Leute oft gar nicht bemerkt, so fest habe er nachdenken können. Und das sei ihm wohl übel ausgelegt worden, er sei einfach eine Nummer zu gross gewesen fürs Dorf, hätte an die Universität gehört. Über zwei Wörter habe er predigen können, eine ganze Stunde lang. Nach dreiundzwanzig Jahren in der Gemeinde sei er im Alter von einundsechzig Jahren abgewählt und mit elf Kindern auf die Strasse gestellt worden. Natürlich, man habe das kommen sehen, aber so kurz vor der Pensionierung? Das habe ihm, Hans S., leid getan. Drei Monate lang erhielt Pfarrer Blocher keinen Rappen mehr, sagt Mutter Ida Blocher. Sie sei in dieser Sache damals zur kantonalen Kirchenleitung zitiert worden. Aushorchen habe man sie wollen, doch sie habe nur gesagt: «Mein Mann lebt das, was Sie nur schreiben.» Freunde vermittelten für zwei Jahre eine Bleibe in Frauenfeld, nachher eine im zürcherischen Wald. «Gedemütigt, aber nicht zerbrochen», so die Töchter, haben sich die beiden an den Aufbau einer neuen Existenz gemacht. Pfarrer Blocher predigte noch ab und zu als Verweser.

Vater Wolfram Blocher (1897 bis 1972) entstammte ebenfalls einem Pfarrhaus. Eigentlich wollte er Förster werden, blieb aber im Schoss der Kirche. Er studierte Theologie und betätigte sich kurze

Zeit als Lehrer in einer Herrnhuter Anstalt in Schlesien, erzählt Sohn Gerhard, der Bruder von Christoph. Die im 18. Jahrhundert von Graf Zinzendorf gegründete Herrnhuter Brüdergemeine zählt sich zwar zur lutherischen Kirche, pflegt jedoch ein eigenständig pietistisches Christentum mit strikten Moralvorschriften und Missionsdrang. Sohn Gerhard weiss nicht, wie der Vater nach Preussen gelangt ist, aber auch er verspürt offensichtlich Neigungen zum Preussenland: Auf den Spuren seiner Ahnen stiess er auf einen süddeutschen Friedhof, wo eine ganze Menge Plochers liegen. Er vermutet seine Wurzeln deshalb in Pommern (Lautverschiebung von Norden nach Süden). Und wenn er Heimweh hat, liest er wohl Fontanes «Wanderungen durch die Mark Brandenburg» (liegt auf der Pfarrhaus-Toilette als Lektüre auf).

Die Abwahl des Vaters ist für den Pfarrerssohn nichts Aussergewöhnliches. Das sei nicht schlimmer, als wenn ein Fabrikarbeiter auf die Strasse gestellt würde (was schlimm genug ist). Verseckelt sei er worden, der Vater, von der Kirche, und das habe er, Gerhard, von seinem Vater geerbt, diesen Kampf gegen die Kirchenleitung, das sei mit dem Klassenhass durchaus vergleichbar.

Wiederholt sich die Geschichte, die Familiengeschichte zum Beispiel?

Im Frühling 1977 verlangten in Flawil (Toggenburg) 1136 protestantische Gemeindemitglieder die Abberufung von Pfarrer Gerhard Wulfila Blocher, Christophs Bruder. Das war in der Geschichte der evangelisch-reformierten Landeskirche des Kantons St. Gallen das erste Mal seit ihrer Gründung im Jahre 1803. «Wir wollen wieder einmal eine normale Predigt hören», hiess es in den Leserbriefspalten. Pfarrer Blocher war seit zehn Jahren in der Gemeinde tätig, hatte den Christbaum abgeschafft, Brauchtum und Lustbarkeiten gehörten nämlich nicht in die Kirche. Der etablierten Kirche warf er Verlotterung und Anpassung vor, seine Gegner ihm Rechthaberei, Härte und Unerbittlichkeit. Er habe die Gemeinde in zwei Lager gespalten, hiess es in der Anklageschrift, die Predigten seien unverständlich, hätten keinen Bezug zum Alltag und dienten ihm zur Selbstdarstellung. Kritisiert wurden auch seine radikale Prädestinationslehre (sogar seinen Schlüsselbeinbruch habe er theologisch erklären können) und die masslosen Attacken gegen die Landeskirche; überhaupt fehle ihm menschliche Wärme. Es gab sogar Gemeindemitglieder, die wurden nervös, wenn sie dem Pfarrer allein auf der Strasse begegneten.

Noch bis vor wenigen Jahren war die Gemeinde in zwei Lager gespalten, einige seiner Anhänger sollen ab und zu noch nach Hallau, dem neuen Wirkungskreis von Pfarrer Blocher, gepilgert sein, um seine Predigten zu hören. Jetzt aber, nach siebzehn Jahren, seien die Wogen geglättet. Ist Pfarrer Blocher ein Ayatollah?

Der damalige Kirchenpräsident von Flawil sagt, seine Tochter habe an der Hochzeit einer Freundin Geige spielen wollen. Pfarrer Blocher habe das nicht zugelassen. Und bei einer Beerdigung mit Männerchor sei der Pfarrer erst nach dem Gesang erschienen. So ernst sei er gewesen. Einmal habe Pfarrer Blocher ihm einen Kreis vorgezeichnet mit einem Punkt in der Mitte. Das sei das Zentrum, Jesus Christus, und innerhalb des Kreises seien die Gläubigen. Er, der Kirchenpräsident, stehe weit ausserhalb dieses Kreises, habe ihm Pfarrer Blocher eröffnet.

Schliesslich wurden Unterschriften gesammelt, um ihn abzuwählen. Der Kirchenpräsident hat sogar anonyme Drohbriefe erhalten. Hat noch gehofft, Pfarrer Blocher würde freiwillig demissionieren, damit diese leidige Geschichte ein Ende finde, denn der Herr Pfarrer sei ihm durchaus nicht unsympathisch gewesen. Das tat er aber nicht. Pfarrer Blocher habe die Gemeinde noch gewarnt: Wenn sie ihn abwähle, käme es für längere Zeit in dieser Gemeinde nicht mehr gut. Und irgendwie, so der Kirchenpräsident, habe er recht behalten, drei an dieser Sache Beteiligte seien bereits an einem Herzinfarkt gestorben, und die zahlreichen Nachfolger des Pfarrers hätten sich die Klinke in die Hand gegeben. Er sei nicht abergläubisch, aber das sei sozusagen ein Fluch über der Gemeinde.

Pfarrer Blochers Lieblingswörter sind: «sauber», «unbedingt», «total» und «Realität». Er ist kein Halbbatziger, was er tut, tut er unbedingt. Als er seinem Vater eröffnet hat, auch Pfarrer werden zu wollen, habe ihn dieser in ziemlich übler Manier abgekanzelt: Pfarrer könne man nicht werden wollen, sondern nur werden müssen. Beruf als Berufung.

Im Gespräch ist Pfarrer Blocher witzig und humorvoll, die Goethe-Zitate schiesst er locker aus der Hüfte, das hat nichts Künstliches an sich. Das lässt sich nicht lernen. Schon in der dritten Klasse hat er den Dichter Theodor Storm gelesen, ja, das Pfarrhaus habe sie alle unglaublich geistig gefördert. Er sei gegen die moralisierende Kirche. Der gehe es nur um Geld und Macht. «Es ist alles göttliche Gnade.» Das sei der Schlüsselsatz, der müsse zuerst ausbuchstabiert werden. Das sei natürlich über die Flawiler Bürgerköpfe hinausgegangen. Zur Zeit schreibt er an einem Buch, worin er seine Lehre ausbreiten will. Es trägt den Titel: «Das Schnippchen».

Pfarrer Blocher lacht spitzbübisch, wenn er an seine Abwahl denkt: Planmässig habe er sie vorbereitet. Von seinem Vater her sei er vertraut gewesen mit dem Gedanken, auf diese Art eine Pfarrstelle aufzugeben. Eine Pfarrstelle ist für ihn ein «Kampfplatz». Er erinnert sich gut an die Feier zu seiner Einsetzung als Pfarrer in Flawil, schon da sei schlimmer gelogen worden als an einer Beerdigung. Der Gottesdienst müsse sauber bleiben, auch sauber von politischem Druck. Als der Männerchor Harmonie, der die politischen Dorffürsten (FDP) vereinigte, seinen Ehrenpräsidenten zu Grabe trug und die Lieder selbst bestimmen wollte – also da lasse er sich nicht dreinreden. Kranzburgen bei Beerdigungen, zum Beispiel für einen Direktor, liegen bei ihm nicht drin. Bei Abdankungen ist er für die totale Gleichheit, auch wenn der Verstorbene ein versoffener Penner war.

Nein, verletzt hat ihn diese Abwahl nicht, aber die «Bitterkeit der Hinrichtung», die «Vollstreckung» haben ihm zugesetzt. Doch sei er masslos gestärkt aus dieser Flawiler Sache herausgegangen. Keine Einschnürung, wie er sich ausdrückt.

Die Brüder Gerhard und Christoph Blocher gleichen sich nicht nur in Stimme und Gestik, beide gehen, wie sie betonen, aus Niederlagen gestärkt hervor. Und sie haben denselben Auftrag: Beide verlassen einen Posten nicht freiwillig, wenn sie dazu aufgefordert werden, sei das nun ein Pfarramt oder ein Verwaltungsrat (SBG);

beide wollen ausmisten: die verlotterte Kirche oder das verlotterte Bundeshaus; beide vermögen zu spalten: eine ganze Gemeinde oder ein ganzes Land.

Zuerst aber musste Christoph Blocher das Pfarrhaus abschütteln und sich freischaufeln. Kühe melken, ihnen ans Chüeutter und an die Zitzen langen, den Stall ausmisten, Geruch von Melkfett und Heu. Zehnmal konnten sie den Christoph einsperren, er kam immer wieder, schon als Bub, schwärmt Bauer Hans S., der ehemalige Nachbar des Pfarrhauses. Auch der Gerhard sei gekommen, aber vor dem hätten seine Eigenen Angst gehabt. Ab und zu wollte Vater Wolfram Christoph mit der Rute zahm machen. Hat aber nichts genutzt.

Auch Frau W., ihr Mann war Mesmer in dritter Generation, erinnert sich: Wie die Frau Pfarrer oft Klavier gespielt hat und wie am 1. August patriotische Lieder gesungen wurden. Auch an die kleine Sophie, die sang wie eine Nymphe. An die sieben Mädchen in ihren weissen Sonntagsschürzchen und die Söhne, die alle studierten. Nur der Christoph, der habe sich gewehrt dagegen.

Warlich warlich Gottes Wort wirt so gwüss sinen Gang haben als
der Ryn
den mag man ein Zyt wol schwellen
aber nit gstellen
(huldrych zwingli)

lesen wir in der Kirche, neben der Christoph aufgewachsen ist.

Er wollte Bauer werden, aber Gottes Wort hatte auch ihn erfasst. Es konnte warten, war nur gestaut, hatte Zeit, sollte erst später überschwappen. Dann aber mit der Wucht jahrelangen Aufschubs ihn mit um so kräftiger befallen.

Herr und Frau Zuber sind schon oft befragt worden über ihren berühmten Lehrling. Immer wieder dieselbe Frage: Ist Blocher ein Bauer? Warum hat er studiert? Sie sind sehr misstrauisch, das kann man ihnen nicht verübeln. Es sei schon viel Seich geschrieben worden von den Journalisten. Zubers schwärmen von Christoph B. Mit sechzehn Jahren ist er zu ihnen auf den Hof gekommen für eine zweijährige Bauernlehre, ein mageres Bürschchen, aber arbeiten konnte der! Ein freier Sonntag im Monat und eine Woche Ferien im Jahr, der wisse, was arbeiten heisst. Und denken, sagt Herr Zuber: «dreidimensional», da hätten mehrere Sachen nebeneinander Platz. Er sei von Haus aus tief religiös, sagt Frau Zuber. Die Religion gebe ihm Kraft, sagt Herr Zuber. Sonst sagen sie mir nichts, sie finden, ich müsste erst eine Erlaubnis von ihm haben. Frau Zuber hat nach meiner Anmeldung mit der rechten Hand Blochers telefoniert. Der wisse nichts von einem Buch, habe zur Vorsicht gemahnt.

B. hat später auf dem Hof der Eltern von Frau Zuber gearbeitet und gleichzeitig die Landwirtschaftliche Schule in Winterthur-Wülflingen absolviert. Dann der Bruch: studieren. Herr Zuber findet an diesem biographischen Hokuspokus nichts Merkwürdiges: Der sei zu Höherem geboren. Zuber bewundert Blochers Schaffenskraft noch heute, der halte Verwaltungsratssitzungen sogar hinten im Auto ab.

Ist Blocher ein Bauer?

Auch Bruder Gerhard betont die bäuerische Linie der Familie Blocher. Die Eltern der Mutter waren Bauern. Und er und Christoph seien Muttersöhne. Die Bauern, die stünden noch auf dem Boden der Realität, im Gegensatz zu den Idealisten. Zum Beispiel ihre Grossmutter, die Wigand aus dem deutschen Professorenhaus, die habe seinen Vater Wolfram idealistisch erzogen. Der Idealismus sei das Schlimmste, dem der Mensch verfallen könne.

Mutter Ida Blocher-Baur (1908 bis 1994) stammt aus dem Zürcher Säuliamt. Sie wäre gerne Lehrerin geworden, verzichtete aber, um der kranken Mutter im Haushalt zu helfen. Ida besuchte bei Pfarrer Blocher den Konfirmandenunterricht. Dann kam ein Brief des Herrn Pfarrers: Er wolle sie heiraten. Pfarrer Blocher schiffte sie nicht nur in den Hafen der religiösen Gemeinschaft (Konfirmation), sondern auch in den ehelichen. Mit einundzwanzig Jahren heiratete sie. Er war elf Jahre älter. Vorher war sie noch ein halbes Jahr in ein westfälisches Pfarrhaus gesteckt worden, um sich auf die künftige Rolle als Pfarrersfrau vorzubereiten. Innerhalb von fünfzehn Jahren gebar sie elf Kinder, sieben Töchter und vier Söhne. Einen dreizehnköpfigen Haushalt zu führen, das stellt man sich sehr anstrengend vor. Doch die Rolle einer Pfarrersfrau verlangt mehr (versteckt im Hintergrund): Sonntagsschule, Missions-Verein, Sammeln für die Evangelische Frauenhilfe, Pfarrfrauen-Kränzli. Dazu sang sie im Heinrich-Schütz-Chor. Mit dem Muttertag, heisst es, konnte sie nichts anfangen. Eine liebenswürdige, gerechte, bescheidene, lebenslustige und geräuschlose Frau sei sie gewesen, die Mutter. Während der Hausarbeit führte sie stundenlange Selbstgespräche, um mit sich wieder ins reine zu kommen.

Nach dem Tod ihres Gatten zog sie zu einer Tochter nach Muttenz und besuchte oft deren Gottesdienst. Die Tochter war nämlich auch Pfarrerin geworden. Die Mutter engagierte sich sozial bis zu ihrem Tod: Missionskreis, Kirchgemeindechor. Und sie unterstützte ihre Tochter bei der Betreuung Obdachloser und bei der Flüchtlingshilfe. Die Jahre in Muttenz seien wohl die glücklichsten gewesen, halten die Töchter fest.

Sind die Blocher-Brüder also Muttersöhne? Nein, sie sind Pfarrerssöhne. Protestantisch fundamentalistisch bis in die Socken. *Erzprotestantisch*, wie Christoph selber sagt, vielleicht sogar calvinistischer als Calvin. Die ökonomischen Zyklen vergleicht Blocher schon mal mit den biblischen, nach den sieben mageren kommen die sieben fetten Jahre. Er zitiert gern aus der Bibel, obwohl er, so nehmen wir an, weiss, dass heute ein bisschen komplizierter gewirtschaftet wird als im Ägypten Josefs. Da gab es zum Beispiel noch Sklaven, heute gibt es Lohnsklaven. Die Herrschaftstechniken sind im Laufe der Jahrhunderte subtiler geworden und die Ketten unsichtbar. Und mit der Bibel kann einiges an Vorwürfen weggeputzt werden, Blocher ist nämlich ein Meister der Textauslegung.

Mozart war ein Industrieller

Arbeiten statt beten, labora statt ora. Arbeit wird zum Gottesdienst. Der Protestant ist sozusagen ständig im Dienst: *Ein Verständnis für die verpflichtende Schwere der «hohen Posten», für ihre Verpflichtung zum Dienst muss Raum gewinnen und «persönliches Profit- und Prestigedenken» verdrängen*, predigt B.

Was hat Religion mit Profit zu tun?

Die protestantisch-calvinistische Sozialethik schliesst das Diesseits mit dem Jenseits volkswirtschaftlich kurz. Der Beruf, die Arbeit im Diesseits, wird zu einer von Gott gestellten Aufgabe, es gilt künftig, sich in dieser Welt zu bewähren vor Gott – anders als die Mönche in ihren Klöstern, die sich den irdischen Pflichten entziehen. Beruf wird zur Berufung. Deshalb gilt vor Gott jeder Beruf gleich viel, weil Er ihn zuteilt.

Seit Marx wissen wir aber auch, wohin die Arbeitsteilung geführt hat: Immer mehr Menschen haben von immer weniger eine Ahnung. Wir sind lebende Apothekerpülverchen geworden, abgelegt in einer der hundert Apothekerschubladen, keiner weiss vom andern. Das macht die Leute manchmal krank. Aber darüber können wir nur noch lachen, denn seit Blocher wissen wir nun auch, dass ein Unternehmer den Arbeitern nicht nur die Arbeitskraft nimmt, sondern ihnen auch etwas schenkt: *Ich übe einen sozialen Beruf aus! Das Unternehmen produziert, bietet Arbeit und Löhne und schafft damit Lebensvoraussetzungen für die Bevölkerung.* Er vergisst, den Umstand zu erwähnen, dass für den Unternehmer ein bisschen mehr dabei abfällt.

Der Beruf wird im Protestantismus zur Berufung, und der Berufsberater heisst Gott; es wird sinnlos, auf die Art des Berufs hinzuweisen. B. sagt: *Es gibt bloss Schwerarbeiter auf allen Stufen.* Es wird sinnlos zu fragen, warum der eine oben ist und der andere unten, der einzelne soll grundsätzlich in dem Beruf und Stand bleiben, in den Gott ihn hineingestellt hat. Mit diesem «Gott wollte es so» lässt sich jeder noch so kluge Einwand totschlagen. Jede soziale Ungleichheit und jede Hierarchie können gerechtfertigt werden. So trifft den unternehmerischen Profit der Strahl göttlicher Billigung. Es kann einer sogar mehrere Berufungen im Leben haben, wie B., das ist erlaubt, ja sogar Pflicht. Er muss den Weg wählen, wo mehr zu holen ist.

Es ist nicht Zufall, dass Blocher den Maler Albert Anker auserwählt hat. An die hundert Originale sollen seine Schlossgalerie zu Rhäzüns schmücken. Alt-Nationalratspräsident Bremi erinnert sich, dass da vor allem Porträts von Kindern und älteren Menschen hängen. Und alle seien sie mit irgendeiner Arbeit beschäftigt. Es sei ihm, dem Galeriebesucher, aufgefallen, dass er um keinen Mund ein Lachen habe ausmachen können. Nur Anspannung und Konzentration und Arbeit habe er aus den Bildern herausgelesen. Ankersammler Blocher schrieb dazu: *Er malt den Menschen, der die Härte des Lebens besteht. Er kündet nicht das Ideal eines von Arbeit, Mühsal, Härte, Entsagung, Schmerz und Leid befreiten Lebens, sondern die Wirklichkeit. Er zeigt, dass gerade ein solch mühsames Leben bestanden werden kann und bestanden wird.*

Die Wirklichkeit ist, dass Albert Anker sich nicht mehr wehren kann; seine Bilder gehören jetzt andern, sogenannten Kunstliebhabern, die uns erklären, wie wir seine Bilder anzuschauen haben. Aber einmal hat der junge Maler aus Paris nach Hause geschrieben, was er vom Leben erwartet, und diese Wirklichkeit tönt ein bisschen anders: «Bei meinem Tod wird man vielleicht sagen, ich sei ein nutzloser Mensch gewesen, denn bis dahin war ich zu nichts nütze, aber ich werde zum mindesten gelebt haben, das heisst: ich habe doch einiges gesehen und vieles gelernt, habe weit mehr gespürt und genossen als sehr viele Mitmenschen. Ich bin glücklich, geboren zu sein, meine Nutzlosigkeit drückt mich nicht, und wie ein Vogel im Frühling geniesse ich das Leben. Wäre es nicht verrückt, anders zu handeln?»

Wie ein Vogel im Frühling. Der Gott des Calvinismus würde ihn für verrückt erklären. Zeitvergeudung ist die schwerste Sünde, denn

Zeit ist Geld und die Möglichkeit, Gott zu gefallen und zu preisen. Es ist kein Zufall, dass im Kapitalismus die Uhren beginnen, im Viertelstundentakt zu schlagen. Zeit wird knapp. Deshalb meidet B. den Luxus: *Ich verplempere meine Zeit nicht an gesellschaftlichen Anlässen. Manchmal wundere ich mich, wieviel Zeit Leute in meiner Stellung für solche Dinge vergeuden.* Er vergeudet seine Zeit nicht an Cocktailpartys, was ihn beim Volk nicht unsympathischer macht; das liegt ihm nicht, kann ihm nicht liegen. Er turnt jeden Morgen fünf Kilometer um sein Haus herum, arbeitet vierzehn Stunden am Tag inklusive Samstag, der Sonntag ist der Familie reserviert (auch seine Kinder sind ihm *als Aufgabe gestellt*), denn er weiss, Zeit ist Geld, gewissermassen im spirituellen Sinn, unendlich wertvoll. Daher landet er manchmal mit einem Helikopter vor seinem Haus, sagt der Meilemer Stammtisch. (Ein Nachbar korrigiert: Das sei nur einmal vorgekommen, und es sei ein Militärhelikopter gewesen.) Auto fährt er auch, manchmal mit Chauffeur, da kann er nebenher noch telefonieren.

Ausruhen auf dem Besitz, Genuss des Reichtums mit seinen Konsequenzen von Müssiggang und Fleischeslust liegen nicht drin. *Privater Reichtum war für mich nie eine Triebfeder, er bedeutet mir eher zuwenig.* B. ist ein Gläubiger, daher vielleicht seine Abneigung gegen die Feinen, denn untätige Kontemplation mehrt den Reichtum nicht. Erfolg ist nichts Verwerfliches. Der Erfolgreiche ist ein dienender Verwalter, je grösser der Besitz, desto schwerer wird das Gefühl der Verantwortung. Arm sein wollen hiesse soviel wie krank sein wollen, es wäre Gottes Ruhm abträglich.

Auch Blocher ist so einer, ein Bibel-Rockefeller. Und die haben auf der ganzen Welt dieselbe Religion: Die Fabrik ist ihre Kirche, das Büro ihr Betstuhl, die Bilanz ihre Bibel, der Fleiss ihr Allerheiligstes, die Börsenglocke ihre Betglocke, die Arbeit ihr Gott, und der Glaube, dem sagen sie: Kredit.

Warum hört so einer nicht auf zu arbeiten? Könnte Blocher mit seinen 261 Millionen (Steuer-)Vermögen und seiner Million Einkommen jährlich sich nicht zur Ruhe setzen? Nein! Die Bude muss diversifizieren und expandieren und investieren. Der Cash-flow nagt.

Der Gedanke an die fromme Langeweile des Paradieses muss solch tatendurstige Naturen wie B. mit Schrecken erfüllen. Befragt man sie nach dem Sinn ihres Tuns, das des eigenen Besitzes niemals froh werden kann, antworten sie, wenn überhaupt, dass ihnen das Geschäft eben unentbehrlich geworden sei. *Ein tüchtiger Unternehmer lebt für sein Unternehmen und nicht vom Unternehmen.* Der Mensch ist für das Geschäft da und nicht umgekehrt.

B., der Unternehmer, liebt Mozart. Das ist erstaunlich. Denn Musik hören ist eine ziemlich unproduktive Sache und schlägt nicht auf den Cash-flow durch. *Wenn ich mich in schlaflosen Nachtstunden erhebe*, teilt er uns mit, *um Mozarts Messen zu hören ...* Dass er sich erhebt und nicht einfach aufsteht wie unsereins, daran können wir uns gewöhnen. Aber warum ausgerechnet Mozart? Er selber fragt sich das auch: *Dass ich mich als Unternehmer und Industrieller in der Tiefe meiner Seele mit allem Künstlerischen, so auch mit der Musik und dort allererstens mit Mozart, und in den letzten Jahren erst recht mit seinen Messen verbunden fühle, gibt mir zu denken.* Uns auch.
 Wo liegt der Schlüssel? Warum bewundert er ihn?
 Mozart ist ein tüchtiger Industrieller!
 Da hat er es uns aber gegeben. Und weil er von Musik keine Ahnung habe, wolle er nicht *über* ihn, sondern *von* ihm sprechen. Eine feine, fast philosophische Unterscheidung ist das. Und warum ist Mozart ein Industrieller?
 Es sei *die fast unheimliche Verpflichtung gegenüber der Sache*. Das kann über jeden Künstler gesagt werden. Und wir vermuten, dass B. auch an sich selber denkt, wenn er so spricht. Es ist diese Totalrolle, die wir bei Pfarrerskindern oft finden.
 Wer eine nicht alltägliche, besondere und schwierige Sache «unternimmt», diese verwirklichen und dieser zum Durchbruch verhelfen will, ist ein Unternehmer. Die jungen Menschen, welche die leerstehende Wohlgroth-Fabrik in Zürich besetzt haben, haben auch eine nicht alltägliche und schwierige Sache unternommen. Sie versuchten, neue Formen des Zusammenlebens und -arbeitens zu praktizieren und diesen Formen zum Durchbruch zu verhelfen. Sie waren Unternehmer.

Aber sie haben den zweiten, den wesentlichen Punkt von Blochers Unternehmer-Definition nicht beachtet: *Der Unternehmer ist stets Eigentümer und Manager zugleich*. Wir werden also später in der Biographie des Eigentümers und Managers Blocher folgende Fragen frei graben müssen: Wer hat ihm seine Fabrik gebaut? Wie ist er zum Eigentümer geworden?

Zuerst aber nochmals zurück zum Stammbaum der Familie Blocher.

Deutschschweizerische Herzensergiessungen

Wiederholt sich die Geschichte? Wiederholt sich die Familiengeschichte?
 1916. Divisionsgericht Zürich. Das Gerichtsgebäude wird von Infanterie-Kompanien bewacht. Am 29. Februar, abends um neun Uhr, fällen die Geschworenen das Urteil: Die beiden Nachrichtendienst-Obersten Egli und von Wattenwyl werden freigesprochen – hätten aber auch als Landesverräter verurteilt werden können, hatten sie doch seit 1914 das tägliche Nachrichtenbulletin des Generalstabes, das nur für hohe schweizerische Offiziere bestimmt war, auch den Militärattachés der Zentralmächte übermittelt. Im Zweiten Weltkrieg wurden Soldaten standrechtlich erschossen, weil sie unbedeutenderen Kleinkram als Armeebulletins weitergegeben hatten. Die welsche Presse tobte, verlangte den Rücktritt von General Wille, Generalstabschef von Sprecher und Bundesrat Hoffmann.
 Dass die Schweizer Armeeführung deutscher war als mancher Deutsche, war allgemein bekannt. Im Dezember 1916 schrieb General Wille: «Mein Herz ist ganz auf deutscher Seite, das darf ich ruhig sagen, weil ich mich dadurch nicht verleiten lasse, auch nur um des Nagels Breite von der korrekten Linie abzugehen», und er liess vorsorglich Militärzüge gegen erwartete Unruhen in der Romandie bereitstellen. Damit rechnete sein Herz, das auf deutsch schlug; erst kürzlich hatten einige Studenten und Arbeiter die vor dem deutschen Konsulat in Lausanne gehisste Reichsflagge heruntergeschletzt. Und was würde sein Schwager dazu sagen? Immerhin ein von Bismarck! Nein, der würde freilich keine Freude haben.
 Noch während die beiden Obersten auf ihre juristische Absolution warteten, erhielt Eduard Blocher, der Grossvater Christoph Blochers, einen Brief: «Wenn wir doch nur frei von den Welschen würden und meinetwegen reichsdeutsch! Nur nicht schweizerisch mit welscher Oberschicht, sonst wandere ich auf meine alten Tage

wieder aus.» Und wenig später: «Sie hinauswerfen können wir nicht, weil sie das Land mitnehmen würden, und dieses Land gehört zur Eidgenossenschaft, obschon ich nicht verstehen kann, wieso es keine Schweiz mehr gäbe, wenn die Welschen sich von uns trennten.» Emil Garraux, der Briefschreiber, war Mitglied der «Deutschschweizerischen Gesellschaft», der damals aktivsten Sammlungsbewegung der deutschfreundlichen Schweizer. Auch die beiden freigesprochenen Obersten gehörten dieser Vereinigung an, ebenso der Student Hektor Ammann, 1940 Erstunterzeichner der Eingabe der Zweihundert, und Hektor von Sprecher, der Halbbruder des Generalstabschefs. Und schliesslich der Mann, der vor und im Ersten Weltkrieg dafür sorgte, dass der Graben zwischen Welsch- und Deutschschweiz zu einem Schützengraben wurde: Grossvater Eduard Blocher. Seine tiefste Überzeugung war: «Die ganze schweizerische Demokratie ist fast ausschliesslich das Werk der deutschen Schweiz.»

Wir können nur vermuten, weshalb Eduard (1870 bis 1942) ein so hundertfünfzigprozentiger Ministrant des deutschen Kulturraumes wurde. Während seiner Gymnasialzeit wohnte er bei seinem Grossvater. Der war im 19. Jahrhundert aus dem Schwäbischen in die Schweiz eingewandert, wie viele damals; er war Lehrer, bibelfest, ein konservativer Pietist und soll den jungen Eduard stark beeinflusst haben. Eduards Vater Emanuel Blocher war Direktor der Baumwollspinnerei Sarasin und Heusler in Baselland. Die Schweiz hielt er nicht für überlebensfähig. Im Januar 1910 schrieb er an seinen Sohn Eduard: «Wenn das, was uns bis jetzt zusammenhält: die historische Entwicklung, der Werdegang, u. unsere freiheitlichen demokratischen Institutionen einmal ihre Zugkraft verlieren dadurch, dass die Nachbarstaaten politisch mehr oder weniger in dasselbe Fahrwasser gelangen, u. auf der anderen Seite bei uns das Anwachsen der Centralisation u. der Bureaukratie uns den Nachbarstaaten ähnlich macht, dann werden die wirtschaftlichen Verhältnisse ihre zwingende Kraft geltend machen, u. auch die Rassen- u. Sprachenverhältnisse werden stärker wirken, als sie es heut vermögen. Dann mag für die Welschen der Zug nach Westen, u. für uns nach Norden, in's deutsche Zollgebiet hinein so stark werden, dass Abbröckelungen stattfinden: das ist dann der Anfang vom Ende. Aber Du u. ich erleben dies nicht.»

Eduard gab sich künftig Mühe, den Zug nach Norden doch noch zu erwischen. Besonders die Rassen- und Sprachenverhältnisse interessierten ihn sehr. Er studierte Theologie in Basel, Berlin und Marburg, wo er als Student seine spätere Frau kennenlernte, Mathilde Wigand, eine der sieben Töchter des gleichnamigen Geheimrats. Professor Wigand war ein nicht unbekannter Botaniker. Vielleicht hat er in Eduard das Feuer für die Naturwissenschaften entfacht; die Theologie vermochte Eduard nicht auszufüllen, er wandte sich nun gründlich der Vererbungslehre und der Rassenkunde zu und, um das Gemisch noch ein wenig zu komprimieren, der Psychiatrie.

Dies schlug sich nieder in seinem berühmtesten Buch «Die deutsche Schweiz in Vergangenheit und Gegenwart», das er 1923 in Deutschland verlegen liess. Eduard Blocher stellt sich da die Frage: Woher kommen wir, wir Schweizer? Er unterscheidet drei «Menschenrassen» in Europa: den Nordeuropäer (Homo Europaeus) oder «Langschädel», den Südeuropäer (Homo Meridionalis), ebenfalls langschädelig, und drittens den Homo Alpinus, von einigen auch Mongoloides oder Asiaticus genannt, dieser ein «Rundkopf». Der Langkopf des Nordens ist von hohem Wuchs, hat blaue Augen, weisse Haut und blondes oder rotblondes Haar. Er zeichnet sich aus durch «Nachhaltigkeit im Denken und Wollen». Der südliche Langkopf ist kleiner, die Haare sind dunkel und auch die Haut. «Seelisch ist er leicht beweglich und erregbar, aber wenig nachhaltig, mehr zu Kritik und Zerstörung tüchtig als zu aufbauendem Schaffen.» Und der Rundkopf ist auch eher dunkel, aber kräftig gebaut, doch «geistig leistet der Rundkopf weniger als die beiden andern Rassen; es fehlt ihm an Beweglichkeit, Kühnheit und Unternehmungslust. Er ist ein fleissiger Dulder. (...) Die Vergleichung zwischen den alten Alemannen (nach Gräberfunden) und den heutigen Schweizern ergibt nach Schwerz, dass die alten Alemannen 80 bis 90 vom Hundert Langköpfe zählten, wir heutigen Schweizer noch 5 bis 20 je nach der Landesgegend. (...) Alle Forschungen stimmen in dem Ergebnis überein, dass bei der Rassenmischung, die sich im Lauf der letzten zwei Jahrtausende in der Schweiz vollzogen hat, die eingewanderten Nordeuropäer, d.h. Kelten und Germanen, den Kürzeren gezogen haben und zum grösseren Teil aufgesogen worden sind von der kleinen, rundköpfigen, dunkelfarbigen Gebirgsrasse, die vor ihnen im Lande gewohnt hat.»

Und er kann das auch erklären, diesen Aufsaugprozess. Der germanische Teil der Bevölkerung sei zweifellos stärker an den Schweizerkriegen und am Reislaufen beteiligt gewesen, weil sie ja stärker sind (hochwüchsig), hätten also mehr Blut verloren als der andere (rundköpfige) Bevölkerungsteil. «Man hat berechnet, dass die Schweiz im Laufe der Jahrhunderte den europäischen Staaten insgesamt zwei Millionen Krieger, 66'000 Offiziere und 700 Generale gestellt hat.» Und alles wertvolles Langkopf-Material. Dass die nämlich wertvoller sind als die andern, ist für ihn keine Frage: «Die Tatsachen, die auf eine überragende Mehrwertigkeit der nordeuropäischen Rasse hinweisen, sind aber zahlreich und eindrucksvoll.» Seien nämlich die oberen Bevölkerungsschichten langköpfiger als die unteren, und seien auch Klassen und Schichten nur Ausdruck der verschiedenen Rassen. Eduard Blocher ist überzeugt: «Wo der blonde, langköpfige Mensch in einem Land mit gemischter Bevölkerung lebt, kommt er obenauf und leitet die Arbeit, und das infolge einer geistigen Überlegenheit, die ihn für die Leitung geeigneter macht. (...) Man weiss längst, dass blonde Haare, blaue Augen und hoher Wuchs in der Stadt zahlreicher sind als auf dem Lande. Die hellen Farben sind in der Schweiz am zahlreichsten in Genf, Basel und Zürich; (...) Basel zählt 32 v. Hundert grosse Rekruten und 5 kleine, das anschliessende Basel-Land 17 grosse und 12 kleine.»

Das ist reiner Sozialdarwinismus, der Stärkere frisst den Schwächeren, wie im Reich der wilden Tiere. Darwin hatte die Tierwelt studiert, die Sozialdarwinisten nicht, sondern nur Darwin gelesen und umgebogen und seine Raubtiertheorie auf die Menschheit übertragen. So konnten der Kolonialismus und Imperialismus tierisch begründet werden und später die angebliche Überlegenheit der arischen Rasse.

Auch Eduard lässt uns nicht im Zweifel darüber, wer der Stärkere sei: «Wir haben mehr vorgermanisches Blut in uns als germanisches, und so können wir wohl sagen, wir seien deutschen Stammes, wenn auch nicht reine Germanen (...). Denn, wie wir gesehen haben, ist der germanische Blutsteil der beste, den wir haben. Die Leistungen der Schweiz beruhen auf der germanischen Besitzergreifung (...). Die Triebkraft ist das Germanentum, der Rest wird mitgezogen.» Dieser Rest waren die Romands, die froh sein durften, wenn sie überhaupt geduldet waren, in Blochers Vorstellung.

Man kann Grossvater Blocher nicht einmal vorwerfen, dass er Frankreich oder die welsche Schweiz nicht gekannt hätte. Immerhin studierte er auch in Paris, predigte an zahlreichen Orten in Frankreich, bis ihm das zweisprachige Pfarramt in einer algerischen Stadt übertragen wurde, wo er die geistliche Fütterung der protestantischen Soldaten des 1. Regimentes der Fremdenlegion übernahm. Denn auch davon war er überzeugt: Der protestantische Glaube war der «Glaube der Germanen» schlechthin, die Protestanten hatten «die geistige Führung» inne.

1897 kehrte Pfarrer Eduard Blocher in die Schweiz zurück, ins zweisprachige Pfarramt der Gemeinde Sitten im Wallis. Er muss da schreckliche Erfahrungen gemacht haben, sonst hätte er später nicht Aufsätze geschrieben wie diesen: «Über Schädigungen der Schüler durch Fremdsprachenunfug». Erziehung zu Zweisprachigkeit war ihm nichts Geringeres als ein «Krebsschaden»: «Denn unseren Schülern soll zwar in der Schule allerlei aus den Schätzen auch fremder Völker dargeboten werden, denken aber sollen sie nur deutsch. Sonst haben wir sie nicht gebildet, sondern verbildet, geradezu eine bedenkliche Schwäche deutschen Wesens in ihnen gepflegt, um nicht zu sagen: missbraucht.» 1905 kehrte er in die Deutschschweiz zurück, nach Zürich, wo er Pfarrer wurde am Burghölzli (ein Rassentheoretiker in einer psychiatrischen Anstalt!) und am Kantonsspital.

1904 gründete er den «Deutschschweizerischen Sprachverein» und war von 1912 bis 1940 dessen Präsident. Unter seiner Leitung nahm sich dieser nicht nur der Sprachpflege an, sondern dem Sprachenkampf. Man wollte «das im Sprachgefühl schlummernde Volksbewusstsein kräftigen». Und das schlummerte auf deutsch. Bismarck war Vorzeigekonservativer, Rassentheorien wurden herumgeboten, die Schweiz war für diese Germanophilen eine Gründung germanischer Schweizer und alemannischer Bauern. Blocher und Garraux veröffentlichten in der völkischen Zeitschrift «Deutsche Erde» die deutschen Namen welscher Orte: Muchtern etwa (Montreux), Losanen (Lausanne) und Morsee (Morges). Eduard stand in engem Kontakt zum Reich. Studienrat Dr. Speier in Berlin-Charlottenburg, der im Vorstand des «Vereins für das Deutschtum im Ausland» sass und mit Hilfe Blochers nun sein Arbeitsgebiet «Südöstliche Alpenländer» auf «Alpenländer ausser Tirol» ausweitete, schickte ab 1911 regelmässig Reichsmark in die Schweiz, damit Blocher die deutschsprachigen mennonitischen Täuferschulen im Jura unterstützen konnte. Dabei wollten die ja nur ihre Ruhe haben, waren im 17./18. Jahrhundert in diese abgelegenen Gebiete geflohen vor den Berner Verfolgern, wären sonst geköpft, gerädert oder gepfählt worden, merkten aber nicht, dass sie im 20. Jahrhundert als Speerspitze einer sich als Deutschschweizer Herrenrasse gebärdenden Truppe missbraucht werden sollten.

Ab 1915 wurden auf Anregung Eduard Blochers die Kampfschriften «Stimmen im Sturm» (Untertitel: «Deutschschweizerische Herzensergiessungen») herausgegeben; er war Präsident der Verlagsgenossenschaft. Sogar Bundesrat Hoffmann waren sie zu stürmisch: «Wir haben sehr bedauert, dass wir gegen die ‹Stimmen im Sturm›, die die einzelnen Landesteile gegeneinander zu verhetzen suchten, nicht einschreiten konnten.» Und auch General Wille, der nicht gerade als Deutschenfeind bezeichnet werden kann, mahnte seinen Sohn zum Austritt aus dieser Gruppe.

1916 wurde die «Deutschschweizerische Gesellschaft» gegründet; Blocher war auch hier die führende Figur und Schaltstelle zu den anderen germanophilen Grüppchen. Man stand diesmal in engem Kontakt zum General und zum Generalstabschef, so eng, dass General Wille sogar ihren Sekretär, den jungen Hektor Ammann, vom Militärdienst dispensierte: «im Hinblick auf den vortrefflichen Zweck ist dem Füs. Ammann Dispens vom nächsten Ablösungsdienst gegeben worden». Man widmete sich wieder vermehrt dem Deutschschweizertum im Inland, es war Krieg, die politische Einstellung zum Reich wurde nicht angesprochen, aber die Leute wussten ja, wie's gemeint war. Schrieb doch W. (wahrscheinlich Wolfram) Blocher 1916 an Eduard Blocher: «Angenehm wirkte an den bisherigen Vorträgen die vornehme Zurückhaltung gerade in den brenzligen Fragen der Sympathie (zum Reich, der Verf.) trotzdem jeder merkte wie es gemeint war.»

Wir begegnen diesen Leuten, auch Grossvater Blocher, wieder im «Volksbund für die Unabhängigkeit der Schweiz» (auch: «Aktion zur Wahrung der Neutralität»), der Sammlungsbewegung der deutschfreundlichen Gruppen nach dem Krieg, 1921 gegründet als Kampftruppe gegen den Völkerbund. 1920 hatten sich die Schweizer dem Völkerbund knapp angeschlossen, und zwar mit den Mehrstimmen der Welschschweiz. Grossvater Blocher stand damals auf der Verliererseite, ihm war nicht vergönnt, was seinem Enkel rund siebzig Jahre später gelingen sollte: mit den Totschlagworten der Neutralität und der Unabhängigkeit die Schweizerinnen und Schweizer vor dem Beitritt zu einer übernationalen Organisation abzuhalten. Der «Volksbund» entwickelte sich dann mehr und mehr zu einer rechtskonservativen, antikommunistischen, deutschfreundlichen und teilweise antisemitischen Organisation, so dass sogar Eduard Blocher 1942 den Austritt gab. Im selben Jahr forderten die Initianten der Eingabe der Zweihundert, die aus dem «Volksbund» hervorgingen, die Gleichschaltung der Presse, die «Ausmerzung» bestimmter Presseorgane («National-Zeitung», «Weltwoche», «Nation», «Beobachter») und die «Ausschaltung» einiger Chefredakteure (von «Neue Zürcher Zeitung», «Basler Nachrichten» und «Bund»). Der Historiker und Guisan-Biograph Willi Gautschi kommt zum Schluss: ein «Versuch einer geistespolitischen Anpassungsoperation grossen Stils»; das Demokratieverständnis der Unterzeichner «hätte zur Selbstzerstörung der schweizerischen Staatsordnung führen können».

Hans Oehler, der tonangebende Theoretiker des Frontismus, versuchte Eduard Blocher zum Wegbereiter der eigenen Bewegung zu stilisieren. Das wird ihm wohl nicht gerecht. Deutschtümelei und auch Rassentheorien waren damals weit verbreitet, was natürlich seine Ideen über Lang- und Rundschädel, über Rund- und Spitzköpfe nicht wegschleckt. Wir wissen, wohin das führen kann, wenn Juden die Rolle der Rundschädel zu übernehmen haben.

Als der deutsche Kaiser Wilhelm II. im September 1912 die Schweiz besuchte, verspürte Eduard wohl ein preussisches Kribbeln im Bauch. Die Stadtmusik Zürich spielte «Rufst du, mein Vaterland», die Häupter entblössten sich, als der Kaiser dem Galawagen entstieg. Er trug die Uniform des Gardeschützenbataillons, das sich einst ausschliesslich aus Neuenburgern rekrutiert hatte (bis 1857 war der preussische König nämlich auch Fürst von Neuenburg). Die Schützenmusik blies nun den «Fahnenmarsch», dä Chaiser, dä Chaiser! Und das preussische Kribbeln im Bauch Eduards verdrängte daselbst die Wut über den Bruder Hermann. Hermann Blocher (1872 bis 1942), sozialdemokratischer Basler Regierungsrat von 1910 bis 1918 und marxistisch angesteckt, weilte in den Ferien im Ausland, denn sonst hätte er als Regierungsratspräsident den über Basel in die Schweiz galakutschierenden Monarchen als erster begrüssen müssen. So kam es, dass dieser nur knappe zehn Minuten in Basel weilte.

Der dritte Bruder, Eugen Blocher (1882 bis 1964), war politisch auch in der Linken zu finden, präsidierte zu Beginn des Ersten Weltkrieges die Basler Sozialdemokraten, wurde 1928 zum Bundesrichter gewählt und war Christophs Götti. Bruder Hermann war sein grosses Vorbild: «Ausser meinen Eltern hat mich kein Mensch so stark beeinflusst wie Hermann. Ich wurde durch ihn Abstinent, Sozialdemokrat und unkirchlich», schrieb er nach Hermanns Tod in sein Tagebuch.

Alle drei Brüder, Eduard, Eugen und Hermann, waren aktive Abstinenten. Und alle drei – auch die beiden Sozialdemokraten – sassen im «Deutschschweizerischen Sprachverein» (wobei Hermann, der Marxist, der noch Friedrich Engels gekannt hat, öfter in Opposition gemacht haben soll). Auch Wolfram Blocher, der Vater von Christoph, hat mit seiner Frau Ida die Versammlungen besucht.

Eugens Sohn, der Jurist Fritz Blocher (1914 bis 1977), war in der

Geschäftsleitung der Sozialdemokratischen Partei und Mitglied des Sozialistischen Abstinentenbundes, Gewerkschafter und Vorsitzender des obersten Basler Gerichts. Ihn zeichnete «eine aussergewöhnliche, manchmal fast asketisch anmutende, persönliche Bedürfnislosigkeit aus», wie im Nachruf in der «Basler AZ» zu lesen ist.

Diese protestantische Verbissenheit ist es, die ins Auge sticht. Diese Zähigkeit, dieser Fundamentalismus – religiös oder politisch –, dieser missionarische Eifer. Die Bibel produziert keine Halbbatzigen. Was die Blochers tun, tun sie unbedingt. Immer ganz Eisen, ganz Granit.

Ich behaupte nicht, dass sie alle grad so konservativ und rassisch möbliert worden sind wie Pfarrer Eduard Blocher. Seine zwei sozialdemokratischen Brüder Hermann und Eugen belegen das Gegenteil. Doch auch sie waren nicht aus Gummi. Es ist dieses Alles oder nichts, dieser Ernst, der den Stammbaum der Familie Blocher durchweht. Wir finden ihn wieder bei Vater Wolfram Blocher, der deswegen auf die Strasse gestellt wurde, bei seinem Sohn, Pfarrer Gerhard Blocher, der deswegen auch auf die Strasse gestellt wurde. Und jetzt, so scheint es, hat uns der Stammbaum der Familie Blocher mit Christoph Blocher auch einen politischen Fundamentalisten geschenkt.

Hat Christoph seinem Grossvater abgeschaut? Beide beanspruchen, im Namen des ganzen Volkes zu kämpfen. Der Grossvater war im «Volksbund», sein Enkel benutzt das Wort «Volk» so oft, dass es schon auszulaufen beginnt. Beide sitzen in einer ausserparlamentarischen Oppositionsgruppe mit fast gleichen Namen: Beim Grossvater hiess das «Volksbund für die Unabhängigkeit der Schweiz» (auch «Aktion zur Wahrung der Neutralität»), bei seinem Enkel «Aktion für eine unabhängige und neutrale Schweiz».

Beide sind Patrioten, aber zünftige. (Die deutschtümelnden Gruppen um Eduard Blocher stellten die Eigenstaatlichkeit der Schweiz nicht in Frage.) In beiden Bewegungen sitzt der konservative und reaktionäre Bremsklotz der jeweiligen Zeit (was bei Christophs Bewegung noch aufzuzeigen ist). Beide haben dieselben verheerenden innenpolitischen Wirkungen: Sie sind deutschschweizerisch gepanzert und rammen einen Pflock zwischen die Deutsch- und die Welschschweiz. Und beide Bewegungen verstehen keinen Spass. Sie sind missionarisch wie jeder Kreuzzug.

Wenn es um soziale Ungleichheiten, um die ungleiche Verteilung materieller und geistiger Güter geht, reden beide von der Bibel oder von Gott höchstpersönlich. Pfarrer Eduard Blocher: «Die Bibel spricht sich nirgends über die natürliche Gleichwertigkeit oder Ungleichwertigkeit der Menschen und Völker aus. Wenn die Gleichwertigkeit der Menschen vor Gott ausgesprochen, die Liebe gepriesen wird, mit der Gott sie alle umfasse, so hat das nichts zu schaffen mit der Gleichwertigkeit ihrer Leistungen, und wenn sie alle als für ein Heil bestimmt angesehen werden, so folgt daraus nicht, dass sie im wirtschaftlichen Leben und im Gesamtleben der Völker alle auf denselben Platz Anspruch haben sollen. (...) Die Schlagworte Menschheit und Gleichheit üben einen zauberischen Reiz auf die Menschen aus. Dass es keine Menschheit geben soll, sondern nur Menschenrassen, dass die Natur selbst so grausam gewesen sein soll, Millionen von Menschen von den höheren Leistungen auszuschliessen, dass diese Millionen auch durch die beste Erziehung nicht den andern sollen gleichgemacht werden können, das stört das Gerechtigkeitsgefühl und die auf Mitleid gegründete Lebensanschauung mancher Menschenfreunde zu sehr, als dass sie es zugeben könnten.»

Was dem Grossvater die ungerechte Natur, ist dem Enkel der ungerechte Gott: *Wir sind nichts anderes als Schachfiguren des lieben Gottes. Niemand ist in Wirklichkeit Herr seines Lebens, niemand wählt eine Rolle, jeder wird an einen Platz gestellt und hat sich dort zu bewähren. Ich bekämpfe all diese Heidentänze um Einzelfiguren – womöglich psychoanalytisch verbrämt –, damit auch das Gerede von Selbstverwirklichung und Emanzipation. (...) Nichts Ungerechteres als der liebe Gott!*

Nachdem wir nun diesen religiösen Moorgrund, der über Jahrzehnte immer wieder seine Blasen aufwirft, studiert haben, wenden wir uns dem Aufstieg Christoph Blochers zu. Er selber hat darüber gesagt: *Karriere meint den aufsteigenden Weg, der vor allem im beruflichen, politischen oder militärischen Bereich «gemacht» wird – und zwar von der unter-*

sten Stufe, auf der man «nichts zu sagen» und dafür alles, was einem gesagt wird, zu tun hat – bis zur höchsten Stufe, auf der man unbeschränkt «das Sagen» und das heisst: die Macht hat.

Es gibt zwei Arten des Nach-oben-Kommens: Die eine geht durch den Hintern des Vorgesetzten, da muss einer viel kriechen. Die andere geht durch die Vordertür, da muss einer schlau sein und feine Antennen haben.

Spaziergang in Meilen

Über die Herkunft des Gemeindenamens Meilen besteht keine absolute Sicherheit. Sicher ist nur, dass bereits die Pfahlbauer an diesem Seeufer gewohnt haben und dass rund 3'800 Jahre später ein gewisser Christoph Blocher zugezogen ist. Die Beweggründe sowohl der einen wie des andern liegen im dunkeln. Blochers Sympathie für diese Gemeinde könnte allenfalls daher rühren, dass die Meilemer sich 1489 gegen das Zürcher Establishment erhoben (Hans Waldmann). Sicher ist nur, dass er Null Komma plötzlich Vereinspräsident, Gemeinderat und Eigenheimbesitzer wurde.

Seine Landvilla oben am Hang in Feldmeilen liegt an der Ferse des Pfannenstiels, wo noch Rehlein zu sehen sind. Das Haus ist zwar nicht protzig, aber stattlich. Neben dem Haus sprudelt ein Bächlein, im Gehölz sitzen Elstern. Ein Mäuerchen schützt vor neugierigen Blicken aus dem Volk. Der Villa-Blick schweift über das unverbaute Vorgelände (Reben) hinunter Richtung See und Alpenkette. Hier lebt sich's sehr gemütlich. Christoph Blocher wohnt auf der Sonnenseite des Lebens. Der Volksmund nennt diese Seeseite «Goldküste» und den Zug «Goldküsten-Express». Ein Spruch unten an der Quaianlage wehklagt, dass die alten patrizischen Landsitze und ehrwürdigen Weinbauernhäuser durch moderne Bauten «eingemauert» würden. Meilen verpuppt sich ständig. Der modernste Bau, der jetzt im Dorfkern aus dem Boden schlüpft, heisst hier nicht Altersheim, sondern Alters-Residenz.

Auch die Meilemer Seeanwohner residieren gern. Und das privat. Die Angst vor dem Volk muss in Meilen ganz tief unten angesiedelt sein. Wer den See entlangspaziert, dem wird dies Vorhaben bald verbellt, der Wanderer wird weggewiesen durch so viele Schildchen, wie es Jachten hat (Privat – Warnung vor dem Hunde!).

Bellende Hunde machen Durst, und ich schleiche ins Restaurant Bahnhof, wo noch echtes sogenanntes Volk verkehren soll. Walti, ich kenne nur seinen Vornamen, hat dreizehn Jahre in der Migros-Guetzli-Fabrik gearbeitet, welche die Gemeinde werktags mit einem Geruchschleim von Biskuitwaffeln überzieht. Nachher hat er in der Gemeinde neunundzwanzig Jahre die Strassen gekehrt. Er erinnert sich, wie Blocher damals an der Gemeindeversammlung, als die Alusuisse am Hang oben bauen wollte, sich dagegen gewehrt hat: Der Blick auf den Zürichsee dürfe nicht verbaut werden. Damit habe er sich einen Namen gemacht. Eine Monsterversammlung sei das gewesen, sagen andere, und sie habe nicht in der Kirche stattgefunden wie üblich, sondern in der Turnhalle. Bis morgens um eins habe sie gedauert, und es sei noch eine Gegensprechanlage aufgestellt worden, um die Versammlung in den Singsaal unter der Turnhalle zu übertragen. So viele Leute seien gekommen. B. habe in Feldmeilen dann selber gebaut (auch unverbaute Hanglage). Er, Walti, habe noch ein paarmal etwas gesagt, dann aber den Rüssel gehalten; der Gemeindeschreiber habe ihm dazu geraten, schliesslich arbeite er im öffentlichen Dienst. Am Trottoir habe er noch mitgebaut, da oben, und Blocher sei dann jeweils gekommen, habe an seiner Pfeife gesaugt und gesagt, sie machten das recht. Ein Znüni habe er nie herausgerückt. Aber er, Walti, habe nichts gegen Blocher. Findet, man müsste ihn jetzt endlich heiligsprechen.

Ein Nachbar Blochers schwärmt: Flott sei er, und erst seine Kinder, die seien auch flott herausgekommen. Die älteste Tochter studiere schon an der Hochschule St. Gallen, der Sohn studiere auch (Chemie), er wolle dann wohl bald einsteigen. Die beiden jüngeren Töchter hätten schon die Matur. Eine ganz flotte Familie sei das, der Blocher wisse, was Krampfen heisst.

Oskar M. weiss auch, was Krampfen heisst. Neidisch ist er nicht, doch er hätte zufällig Grund dazu. Er ist fünfundachtzig, Bauernsohn, trinkt gern einen Jeninser, nur die Augen wollen nicht mehr so recht. Er war mit dem jungen, aufstrebenden Blocher im Meilemer Gemeinderat. Oskar war damals schon über sechzig und der einzige SP-Gemeinderat; Blocher war gute Dreissig und hatte die SVP-Mehrheit im Rücken. So politisiert sich's gemütlicher. Meilen ist eher FDP- und SVP-orientiert. Die SVP heisst hier sogar noch

BGB (Bauern-, Gewerbe- und Bürgerpartei, im Volksmund Bauer gegen Bauer genannt). Oskar M. hat die landwirtschaftliche Schule absolviert, aber nur die Winterschule, die Jahresschule konnten sich nur die Grossbauernsöhne leisten. Er hat wie Blocher keinen Hof geerbt. Im Unterschied zu ihm konnte er aber nicht studieren. Das ist ihm auch gar nicht erst in den Sinn gekommen. Während der Krise in den dreissiger Jahren fand er kaum Arbeit, mal auf dem Bau, mal da. Gerne hätte er damals zum Znüni zwei Servelats gekauft, konnte sich aber nur einen leisten. Dann arbeitete er zwanzig Jahre in der Chemischen. Die Arbeit war streng. Manchmal sei er sich wie ein Sklave vorgekommen und fast verreckt. Es gab Wochen, da habe er sechzig Stunden gearbeitet: sechs mal acht Stunden und zusätzlich zwölf Stunden Schicht und Akkord am Sonntag. Im Dreierteam haben sie 120 Tonnen Pyrit ausgeladen. Zwei haben geschaufelt, einer hat die Karrette geführt.

Ein ehemaliger Gemeinderatskollege charakterisiert B. als Ellbogenmenschen und kompromisslose Haut. Er sagt das nicht abschätzig, sondern nüchtern. Gemeinderat Blocher sei oft zu spät gekommen an die Sitzungen – wenn er überhaupt gekommen sei –, sagt er. Manchmal sei er in der Offiziersuniform erschienen, die Mütze habe er dann nicht an den Kleiderrechen gehängt, sondern vorne auf dem Tisch plaziert.

L., die sich in Meilen einbürgern liess, erinnert sich an ihre Einbürgerungsprüfung. Eine Staatskunde-Frage war: Kennen Sie den Herrn Gemeinderat hinter dem Blumenstock? Sie kannte ihn, es war Christoph Blocher.

Wie hat er sich so rassig hochkatapultiert? Blocher hat fusioniert. Fusionieren kommt vom Lateinischen und heisst Verschmelzen. Und was hat er verschmolzen? Als Präsident der Meilemer Mittwochsgesellschaft (1972 bis 1988) verschmolz er 1972 eine Idee mit einer Million, indem er die Mittwochsgesellschaft (die kein Geld hatte und vor sich hin dümpelte) und den Gemeindehausverein (der keine Idee hatte, aber eine Million in Form einer Liegenschaft) zusammenleimte, was allgemein als geschickte Tat herumgeboten wird.

Die Mittwochsgesellschaft war im 19. Jahrhundert als Leseverein gegründet worden. Das aufstrebende Bildungsbürgertum las politische Zeitschriften, abonnierte sie und liess diese Lesemappen unter den Mitgliedern zirkulieren. Das wurde bis in die sechziger Jahre dieses Jahrhunderts beibehalten. Man las: «Das Tier», «Schweizer Illustrierte», «DU/Atlantis», «Femina», «Zürcher Chronik», «Nebelspalter», «Schweizerspiegel», «Schweizer Familie», «In freien Stunden». Die Präsidenten waren Pfarrer oder Lehrer oder Journalisten – zum Beispiel 1857 bis 1864 Dr. François Wille zu Mariafeld, Journalist und Vater des Generals, der dem Verein die Okenhöhe beim Pfannenstiel vermachte.

1988 wurde erstmals eine Frau ins Präsidium berufen, auf Geheiss Christoph Blochers. Sie, Nelly H., habe gut mit Dr. Blocher kutschieren können, aber diese Bekanntschaft sei rufschädigend für sie gewesen. Einmal habe sie mit ein paar Bekannten Dr. Blocher vor dem Bundeshaus getroffen. Er habe ihr über den Platz zugerufen, was ihre Bekannten entsetzte. Sie habe das dem Dr. Blocher erzählt, der habe nur gelacht und gesagt, das nächste Mal rufe er, diese Frau kenne ich nicht.

Lehrer Arnold A. war fast dreissig Jahre lang Präsident der Mittwochsgesellschaft. Sein Nachfolger Christoph Blocher machte sie zum grössten Meilemer Verein. Arnold A. sagt, ihm sei ein Stein vom Herzen gefallen, als Dr. Blocher dieses Amt übernommen habe. Zusammen mit Dr. Jürg Wille (ein Nachfahre des Generals) habe Dr. Blocher den Verein wiederaufgebaut, und ein grosser Aufschwung sei eingetreten. Nelly H. erzählt, dass es einen Wirbel gab, als jenes berüchtigte Buch über die Generalsfamilie Wille erschien; es sei darüber gestritten worden, ob die Bibliothek es anschaffen soll. Das Buch heisse «Wo ein Wille ist, ist auch ein Weg». Damit hat sie gar nicht so unrecht, denn wo die Willes wohnen, da heisst der Weg tatsächlich General-Wille-Strasse. Das Buch heisst aber trotzdem «Die Welt als Wille & Wahn» (von Niklaus Meienberg).

Im Vorstand des Vereins sitzt auch die Familie Wunderly, ein alteingesessenes Industriellengeschlecht. Die Mittwochsgesellschaft organisiert jeden Sommer im Parktheater der Wunderlys eine Serenade. Laut Lokalblatt der Höhepunkt des Meilemer Gesellschaftslebens. Zum Beispiel schlürft man da das Slokar Posaunen-Quartett, das auf nachgebauten Instrumenten aus dem 15. Jahrhundert Barockmusik serviert, und im zweiten Teil wird's moderner (Gershwin). Unter Vereinspräsident Blocher hat man auch die Zürcher Sängerknaben eingeladen, einmal sogar Franz Hohler zusammen mit Emil («Die Blödeleien Emils wurden durch die gelegentliche Tiefe Hohlers ideal ergänzt», schrieb die «Zürichsee-Zeitung»).

Oder der Präsident lädt seinen Dichterfreund Albert Bächtold ein. Mäzen Blocher hat ihm eine billige Wohnung in Meilen vermittelt. Bächtold ist Verfasser von zehn Mundartromanen im Chläggauer Dialäkt, das hört sich so an: «So isch es mit em Bomm. Und so isch es au mit eme Kunschtwärk. Es isch doo, lang vor das naamert inewüürt. Lang vors e Aug cha gsäh oder e Ohr verneh, isch es uustänkt im Gäischt vom Schöpfer. Dän nimmts Form aa, wüürt sichtbaar erschaffe, e Bild, e Statue, e Gedicht. De Sunnestrahl hät au de Künschtler troffe.» Sein Leben allerdings ist weitaus packender als seine Dialäktdichtung. Er ist tüchtig in der Welt herumgereist (1913 bis 1918 in Russland, dann USA) und hat sich ein Riesenvermögen als Generalvertreter einer amerikanischen Firma für tragbare Filmprojektoren gemacht. Der stadtbekannte Zürcher Dandy fuhr einen La-Salle-Sportwagen und einen Cadillac, spielte Tennis im Dolder, war im Ruderclub, liess sich die Fingernägel schleifen und polieren beim Coiffeur Seillaz an der Zürcher Bahnhofstrasse und heiratete das schönste Mannequin des Modehauses Grieder (seine Cousine). «Während der goldenen zwanziger Jahre waren seine Ziele auf Geld, Kleider, Sport und Sex gerichtet», schreibt sein Biograph. Daneben spekulierte er an der Börse. Der Börsencrash von 1929 machte ihn von heute auf morgen vom Lebemann zum armen Mann. Er versuchte es erfolglos als Sportjournalist und Schriftsteller. Auf Anregung des Schriftstellers Humm begann er widerwillig mit der Dialäktprosa und soll 1939 mit seinem «De Tischtelfink» sogar Erfolg gehabt haben. Die geistigen Landesverteidiger hofierten damals einheimisches Schreibergewächs solcherart, dass heutige Kulturschaffende nur noch neidisch werden können.

Bächtold machte sich im Alter Gedanken über eine Stiftung zur Förderung von Nachwuchsschriftstellern. Doch soll er davon abgekommen sein, «weil ihm gewisse Linksströmungen im Schriftstellerverein missfielen». Dichtermäzen Blocher verschaffte ihm dann einen Platz im Altersheim.

Vereinspräsident Blocher machte seine Sache so gut, dass Jürg Wille an einer Generalversammlung das dringende Bedürfnis verspürte, zu sagen, «was wir an Christoph Blocher haben». Blochers Stärke liege darin, seinen Mitarbeitern Vertrauen zu schenken, nachdem er selber die grosse Linie umrissen habe. Und in der Laudatio auf den scheidenden Präsidenten gab Wille in erfrischend ehrlichen Worten eine Antwort auf die Frage: Wie kommt man hinauf? Er sagte, nicht nur der Verein sei an Dr. Blocher gewachsen, sondern auch Dr. Blocher am Verein. Dank der Mittwochsgesellschaft sei er schliesslich Gemeinderat geworden.

Emser Wasser
und Birchermüesli

B. spricht gern vom Ems-Chemie-Gründer Werner Oswald, hat ihm nicht nur seinen Aufstieg und die Firma selbst zu verdanken, sondern ist so etwas wie sein Sohn geworden. Ein Kämpfer sei Oswald gewesen, habe sogar mit Birchermüesli vorliebgenommen, seine ganze Person und alles Kapital in den Dienst der Firma gestellt. *Trotz schlechter Voraussetzungen* habe er mit Wille und Tatkraft die Hindernisse überwunden, um ein grosses Ziel zu verwirklichen.

Der junge Christoph wohnte während seiner Maturvorbereitungen im Hause Oswald in Horgen und erteilte einem der Söhne Nachhilfestunden. Er bekam Sackgeld wie die Söhne, wahrscheinlich sogar ein bisschen mehr als die eigenen, sagt Frau Oswald, die Witwe des Ems-Chemie-Gründers, heute. Ihr Mann habe ihn wirklich wie einen eigenen Sohn behandelt, ihn fast noch bevorzugt. Die eigenen hätten nie eine Chance gehabt beim Vater. Sohn eines Grossen zu sein sei eine Tragik, das wünsche sie niemandem. Der junge Blocher aber, der hat ihrem Mann gepasst, «sonst wäre er nicht so lange geblieben», sagt Frau Oswald. Die beiden haben sich gegenseitig magnetisiert.

B. braucht Werner Oswald immer noch, auch wenn er längst begraben liegt. Braucht dessen Aura des Pioniers, des Fabrikgründers mit technischem Sachverstand, des Tatmenschen. Er stellt ihn als Ikone vor seine zweitausend Arbeiter (und sich selbst daneben). Er braucht eine Persönlichkeit mit Saft in den Adern, das bindet, wirkt motivierend und gibt der anonymen Aktiengesellschaft einen Kopf. Und man wird den Eindruck nicht los, er lasse diesen Mythos vor allem auf sich selber wirken.

Wer war dieser Werner Oswald (1904 bis 1979)? Woher kam er? Der Dietschiberg bei Luzern hat ihn hervorgebracht. Sein Vater war Arthur Oswald, Dr. iur., er betrieb das Anwaltsbüro, das schon sein Vater betrieben hatte, wurde freisinniger Luzerner Regierungsrat.

Soll lange Zeit der einzige gewesen sein, der es wagte, gegen die Katholisch-Konservativen aufzustehen. Man nannte ihn den Kaiser von Luzern. Seine Frau, die Mutter von Werner Oswald, soll eine stolze und selbstbewusste Frau gewesen sein. Werner nannte sie Queen Mary.

Am Anfang hätte die Queen ihr am liebsten Gift gegeben, erzählt ihre Schwiegertochter, Eléonore Oswald-Matthys, Werner Oswalds Frau. Sie stammt aus einer neunköpfigen Leinenweberfamilie aus Horgen, was der Schwiegermutter wohl zu wenig gewesen sei. Sie wurde Werner Oswalds Frau, nachdem sie acht Jahre als Sekretärin für ihn getippt hatte. Als achtzehnjähriges Mädchen hatte sie am 1. Mai 1936 bei ihm angefangen. Das war ein Test, wie sie sagt, damals arbeiteten die einen noch am 1. Mai, andere nicht mehr; sie wollten schauen, ob sie überhaupt komme. Solche Spässe konnten sich die Arbeitgeber erlauben, 1936 war der Höhepunkt der Wirtschaftskrise, auf die Stelle hatten sich vierhundert Bewerberinnen gemeldet. Sie kam also – und arbeitete gleich durch bis abends um zehn. Sie brauchte das Geld, kam grad von der Handelsschule und versorgte zusammen mit ihrem Bruder, so gut es ging, ihre Familie in Horgen. Anderen ging es in der Krise noch schlimmer, sie erinnert sich an ihre beste Freundin, die beim Seiden-Schwarzenbach plötzlich nur noch den halben Lohn bekommen habe – natürlich bei ganzer Arbeitsleistung. Ein paarmal sei sie, Frau Oswald, «spektakulär» zusammengebrochen. Ihr Mann sei ein wahnsinniger Chrampfer gewesen, doch sie habe ihn bedingungslos geliebt.

Das Dienstmädchen Waltraut B., die Ende der fünfziger Jahre in Werner Oswalds Haus in Horgen arbeitete, erinnert sich dunkel an jene Zeit. Eine Fotografie hilft ihr auf die Gedankensprünge. Sie denkt nicht so gern an diese merkwürdige Atmosphäre im Haus zurück, hat es nach sieben Monaten fluchtartig verlassen, Richtung München, Richtung Heimat. Sie brauchte dieses Haushaltsjahr, wollte Arztgehilfin werden, später hat sie studiert. Eins aber vergisst sie nicht mehr: den Ausflug auf den Dietschiberg.

Das hat ihr Eindruck gemacht, wie sie damals mit Chauffeur und Buick nach Luzern fuhren, nein, schwebten. Es war ein modernes

Auto, ein Amerikanerschlitten, die Fensterschleusen wurden per Knopfdruck geöffnet. Alle drei Dienstmädchen (neben ihr eine Kinderschwester und eine Putzhilfe) durften mit. Von Luzern ging's per Drahtseilbahn auf den Berg, wo sie begrüsst wurden von einem Golfplatz und einer Villa. Der Kaiser von Luzern wohnte gemütlich (Vierwaldstätterseeblick). Die Dienerschaft durfte sogar am selben Tisch dinieren wie die Herrschaft. Das war nicht selbstverständlich. Die Queen sei eine liebenswürdige Dame gewesen. Über dem Esstisch hing eine Glocke: Wenn die Queen klingelte, kam die Köchin und brachte den nächsten Gang.

Die Oswalds hatten interessante Hobbys, zum Beispiel Modelleisenbahnen. Aber keine munzigen wie üblich, in ihren Lokomotiven und Waggons hätten bequem Kinder transportiert werden können; ausserdem waren die Geleise in die freie Natur hinausgebaut, gleich neben der Villa. Das mit einer übermannshohen Mauer umschlossene Gelände von der Fläche zweier Tennisplätze gibt heute sein Geheimnis nur nach zweimaligem Schauen preis. Rosen-, Beeren- und Holundersträuche erobern sich das trassierte Gelände zurück. Doch die Tunnels (Jahrgang 1935 und 1947), elektrischen Oberleitungen und die sorgfältig auf echten Schotter gelegten Schienen lassen erahnen, wie intensiv sich hier einer über Jahre mit der Eisenbahn beschäftigt haben muss. Der Experte, der sich zufällig am selben Tag wie ich in diesen Zaubergarten verirrt hat (extra aus dem fernen Allgäu sei er deswegen angereist), beschäftigt sich seit zwanzig Jahren mit Modelleisenbahnen. Er teilt meine Einschätzung eines Laien: So etwas wie hier sei ihm noch nie begegnet.

In Horgen, bei Werner Oswald, wehte ein anderer Wind als auf dem Dietschiberg bei Kaiser und Queen. Jeden zweiten Abend gab es Birchermüesli, nur jeden zweiten, betont Frau Oswald, so etwas Feines könne es nicht jeden Tag geben (sonst Aufläufe). Das ehemalige Dienstmädchen Waltraut B. jedenfalls erinnert sich, dass sie oft Hunger hatte. Die Hausherrin soll manchmal auswärts gewesen sein – Schlammbäder –, derweil ihr Gatte Arbeitsbäder nahm. Er habe sogar im Arbeitszimmer gegessen.

Die Söhne von Kaiser und Queen gingen verschiedene Wege.

Victor war schon früh nach Spanien ausgewandert und hatte dort für Franco Partei ergriffen. Als Franco an die Macht kam, soll Victor aus der Schweiz Waffen (u. a. Bührle) und Maschinen geliefert haben. «Import-Export», sagt Frau Oswald heute. Er kannte den Schah von Persien, und vom saudischen König soll er sogar ein Schwert geschenkt bekommen haben. Sein weitgezogener Freundeskreis habe den Emser-Werken nicht geschadet, entnimmt man dem Geschäftsbericht, was wir gerne glauben. Nach dem Tod Werner Oswalds diente er der Ems-Chemie als Verwaltungsrats-Präsident. Rudolf studierte Jus und wurde Gerichtspräsident im Luzernischen; half dann mit in der Ems-Chemie und soll sich später auf seine Jacht im Mittelmeer zurückgezogen haben. Arthur blieb auf dem Dietschiberg und widmete sich wohl der Eisenbahn.

Werner Oswald wurde nach Trogen ins Institut gesteckt, lernte dort Max Schmidheiny kennen, absolvierte die Landwirtschaftliche Schule in Langenthal und studierte Agraringenieur an der ETH Zürich bei Prof. Ernst Laur, dem erdigen Bauernkönig, den wir noch ausgiebig kennenlernen werden. Und weil er Zeit hatte, holte er sich an der Universität gleich noch einen zweiten Doktor, schrieb eine Arbeit über Wirtschaft und Siedlung im Rheinwald und lernte dabei die Nöte der Bündner kennen: Entvölkerung der Bergtäler, Hotellerie am Boden, Holzüberschuss. Oswald kombinierte und hatte, zusammen mit Laur, eine Idee: die Holzverzuckerung. Aus Holz wird Zucker.

1926 hatte der deutsche Chemiker Heinrich Scholler die Holzverzuckerung patentieren und in die industrielle Produktion bringen lassen. Oswald interessierte aber nicht der Zucker, sondern dessen Vergärungsprodukte Sprit und Hefe. 1936 war Scholler in Zürich, und Oswald kaufte die Lizenz für die Schweiz.

An der Mühlebachstrasse in Zürich zogen die Brüder Werner und Rudolf Oswald ein eigenes Labor auf. Im Mai 1936 gründeten sie zu sechst die Holzverzuckerungs-AG (Hovag), die Vorgängerin der Ems-Chemie, mit einem Aktienkapital von 42'500 Franken.

Blocher lässt die Geschichte der Firma erst 1942 beginnen. Er ist ein Tatmensch, und für einen solchen lebt die Geschichte erst, wenn die Idee zur Tat geworden ist: In diesem Jahr begannen die Maschinen zu laufen. Das ist aber nicht ganz exakt, zum Beispiel überhüpft er den wichtigen Vertrag zwischen dem Bund (Bundesrat Stampfli) und der Hovag vom 18. Juni 1941: Der Bund übernahm einen Teil des Unternehmerrisikos, indem er sich verpflichtete, bis Dezember 1955 rund 100'000 Tonnen Treibstoff und Industriesprit abzunehmen zu einem garantierten Preis (der ein Mehrfaches höher war als der Weltmarktpreis). Es war Krieg, und der Schweizer Armee ging der Sprit aus. Diese Verträge stützten sich auf die ausserordentlichen Kriegsvollmachten des Bundesrates. Die Hovag wurde so neben der Lonza zu einer der Hauptversorgungsquellen der Eidgenössischen Alkoholverwaltung für Sprit. Alkohol war ausserdem wichtig für die Herstellung von Schiesspulver und Explosivstoffen und als Lösungsmittel zur Fabrikation pharmazeutischer Erzeugnisse. Das Ja von Bundesrat Stampfli traf am 18. Juli 1941 an der Zürcher Mühlebachstrasse ein, am 2. August begann man schon zu bauen in Ems.

Es ist B. nicht zu verargen, dass er es mit den Jahreszahlen nicht so genau nimmt. Wer gibt schon gerne zu, dass seine Firma mit Hilfe des Staats entstanden ist, wo er doch wo immer möglich solche Auswüchse bekämpft, politisch zumindest? Die Hovag, die in den sechziger Jahren zu den Emser-Werken mutierte, wurde hochgepäppelt, sozusagen im Brutkasten zwanzig Jahre lang künstlich beatmet. Sie ist ein Produkt der Kriegswirtschaft; Kosten und Risiko übernahmen der Bund, die Industrie (die diesen teuren Industriesprit kaufen musste) und die Autofahrer (die teures Benzin kaufen mussten, weil nach dem Krieg dem importierten billigen Benzin «Emser Wasser» beigemischt wurde). Die Kosten wurden sozialisiert, die Gewinne privatisiert. Die Gebrüder Oswald, die mit einem minimalen Kapitaleinsatz über die Beteiligung an Tochtergesellschaften die Hovag kontrollierten, brauchten nur ihre Schürzchen auszubreiten, und der Goldregen prasselte vom Himmel, dass es eine Freude war. Der Bund und der Kanton Graubünden pfefferten über das Hundertfache des Oswaldschen Kapitaleinsatzes in die Emser Bude. Die Zeitung «Finanz und Wirtschaft» schätzte bis 1956 diesen Betrag auf 130 Millionen Franken.

Werner Oswald hat sich stets als einen Dienenden verstanden: er diente seinem Land, dem Werk und den mit ihm verbundenen Menschen, schreibt B. im Nachruf auf Werner Oswald. Diener können aber auch schlau sein. Und es ist ein merkwürdiges Diener-Herr-Verhältnis, wenn sich die Herrschaft, also die Bündner, wehren muss gegen ihren Diener. Haben doch 1945 einige Bündner Volksvertreter im Grossen Rat daran erinnert, dass den Standortgemeinden ursprünglich eine Vertretung im Verwaltungsrat der Firma zugesichert worden sei, welches Versprechen bis zu diesem Zeitpunkt nicht eingelöst worden war (dafür hatte der Kanton drei Mandate), schliesslich hätten die Emser ja auch 170'000 Franken in den Betrieb hineingeschossen (à fonds perdu). Müsse ferner darauf gedrungen werden, dass die Fabrik «zur gesetzlichen Arbeitszeit übergehe» (was offenbar nicht der Fall war), und seien die Löhne zu überdenken angesichts der nicht zu übersehenden Tatsache, «dass es im Betrieb gesundheitsschädigende und sogar lebensgefährliche Arbeitsstätten» gebe.

1944 wurde das erste firmeneigene Wasserkraftwerk in Betrieb genommen, zwei weitere begann man noch im Krieg zu bauen. Zwischen 1957 und 1961 wurde Boden gekauft, das kann nie schaden, zwei Millionen Quadratmeter (die Hälfte davon in Domat/Ems), und das Schloss Rhäzüns. Das beunruhigte das Kantonsparlament von Graubünden. 1962 fragte es die Regierung an, wieso da einer so viel Boden und ein Schloss kaufe und wieviel Oswald dafür hingeblättert habe; es könne nicht geduldet werden, «dass Feudalherren neuen Formates zur Hintertüre in den Kanton kommen, um ihn zu beherrschen». Wer Boden besitzt, hat die Macht, fügte ein Volksvertreter an.

Die Antwort der Regierung war mager (was Wunder, sass Regierungsrat Cahannes doch im Verwaltungsrat selbiger Firma): Das Schloss Rhäzüns sei aus Sicherheitsgründen gekauft worden, um die Emser-Werke vor möglichen Schadenersatzforderungen zu schützen, wenn am Fusse des Schlosses das neue Staubecken gebaut würde. Und das Land werde benötigt für späteren Realersatz (bei Enteignungen, die halt so anfallen bei Kraftwerksbauten). Über die Preissumme mochte der Regierungsvertreter keine näheren Angaben machen. Das befriedigte den Grossen Rat nicht. Grossrat Degiacomi fand den Hinweis auf den Realersatz geradezu ironisch, weil ihm Fälle bekannt seien, in dem enteignete Landbesitzer bis an die eidgenössische Schätzungskommission gelangen mussten, um ihre Realersatz-Ansprüche durchzusetzen. Grossrat Kasper war nicht nur über die Landaufkäufe beunruhigt, sondern über die Regierungsvertreter, welche die enormen Bodenkäufe nicht als Spekulation bezeichneten. Was denn eigentlich Spekulation sei? Und ein anderer fand, die Regierung dürfe nicht in diesem Verwaltungsrat sitzen, wenn sie nicht gewillt sei, zu sagen, was sie über die Sache denke.

Werner Oswald kämpfte nicht nur an der volkswirtschaftlichen, sondern auch an der Spionage-Front: Als Offizier war er im Krieg bei der 1939 geschaffenen «Nachrichtensammelstelle 1», einer Aussenstelle des militärischen Nachrichtendienstes (Leitung: Oberstbrigadier Roger Masson), was ihm «lebenslange Freundschaften» eingetragen haben soll, wie sein Hagiograph schreibt. Ein ehemaliger Verwaltungsrat der Emser-Werke und SBG-Direktor sagt heute: «Werner Oswald war ein Maniak in Sachen Nachrichtendienst. Er hat hinter jedem Menschen einen Nachrichtendienstler gesehen und hinter jedem Baum einen Agenten im Regenmantel. Seine Angst ist so weit gegangen, dass er selbst im Verwaltungsrat nichts erzählt hat. Auch die Bankenvertreter haben praktisch nichts erfahren. Er dachte immer, jemand wolle hinter seine Geheimnisse kommen. Das war geradezu krankhaft – aber ist ein ganz wesentlicher Zug an Werner Oswald.»

Das bestätigt auch Frau Oswald. Werner Oswald habe ihr, der Sekretärin, jeweils auf der Lenzerheide nur droben auf der Alp diktiert, bei heiklen Besprechungen. Dann habe man drunten im Hotel herumerzählt, der diktiere da oben seine Sekretärin zu Tode.

Die «Nachrichtensammelstelle 1» war auch die Schaltstelle der Offiziersverschwörung vom Sommer 1940. Zirka zwanzig Schweizer Offiziere bereiteten für den Fall einer militärischen Kapitulation die Gehorsamsverweigerung und, man darf es so nennen, eine Meuterei hinter dem Rücken des Generals vor. An der Gründungsversammlung vom 21. Juli 1940 im «Schweizerhof» in Luzern war auch Hauptmann Werner Oswald zugegen. Der «Schweizerhof» war das Hauptquartier der «Nachrichtensammelstelle 1», und diese war mit sieben Ablegern im Offiziersbund vertreten. Sogar ein eigentlicher Staatsstreich und die Besetzung des Bundeshauses wurden erwogen. Die Sache flog auf. Die Bestrafung war nur symbolisch: disziplinarisch und höchstens fünfzehn Tage scharfer Arrest. Später wurden die Offiziere sogar noch befördert: Zwei wurden Korpskommandanten (höchster Grad der Schweizer Armee in Friedenszeiten), zwei Divisionäre, einer Brigadier, fast alle übrigen erhielten den Oberst. Die gezähmten Elefanten sind nämlich die treuesten Elefanten.

Im «Felsberg» bei Luzern wurde auch ein Interniertenlager eingerichtet, wo die «Nachrichtensammelstelle 1» Deserteure und gefangene deutsche Piloten verwahrte. Das Lager wurde ausgebaut und auf den Dietschiberg, Oswalds Heimat, verlegt. Diese Zufälle. Offensichtlich wurden die Kriegsgefangenen mitunter zur Arbeit angehalten. Zum Beispiel in der Firma von Nachrichtendienstoffizier Oswald. 1945 wollte das Bündner Parlament vom Regierungsrat wissen, was es mit den in der Hovag internierten Angehörigen der deutschen Wehrmacht auf sich habe, dem Vernehmen nach habe das unter der Arbeiterschaft Unruhe ausgelöst. Diese Anfrage wurde von der Regierung nie beantwortet.

Frau Oswald kämpfte im Krieg an der hauswirtschaftlichen Front. Sie entwickelte Rezepte für Brot und Kuchen, um die bei der Holzverzuckerung anfallende Hefe zu verwerten.

An der 50-Jahr-Feier der Ems-Chemie feierte B. den Firmengründer Oswald als Kämpfer, der *trotz schlechter Voraussetzungen* und grosser Hindernisse sein Ziel erreicht habe. Waren die Voraussetzungen wirklich so schlecht? Nein, sie waren sogar gut: Zuerst kam Werner Oswald der Krieg zu Hilfe, dann der Bund. Er fing nicht mit nichts an, er hatte eine Familie im Rücken, die ihm, so vermuten wir, die Tür zu vielen Freundschaften öffnete. Dazu gehörte auch Max Schmidheiny, der Vater der vierten Generation dieser Industriellen-Familie. Sie waren duzis.

Werner Oswald soll ein sozialer Unternehmer gewesen sein, wir können das ruhig glauben. Frau Oswald untertreibt aber ein bisschen, wenn sie sagt, ihr Mann habe damit kein Geld verdienen wollen, es sei ihm um die Bündner Täler zu tun gewesen, er habe den Leuten helfen, ihnen Arbeit bringen und Holz abnehmen wollen. Das sei auch der Hauptunterschied zu Blocher, dem Chef und Mehrheitsaktionär der Ems-Chemie heute: Er würde sicher nie als Vater einer Region angesprochen werden wie ihr Mann. Die eigene Familie bekam oft zu hören: «Ich bin Vater von zweitausend Leuten, ich muss zuerst schauen, dass die zu essen haben.»

Dem Firmengründer wird auch folgender Ausspruch zugeschrieben: «Ich will nicht, dass das Dorf Ems sich ganz verändere; die alten erhaltenswerten Häuser, die Dorfbrunnen, die Landwirtschaft sollen erhalten bleiben.» Die Menschen hat er vergessen, die Brunnen sind kunstgeschichtlich wertvoller. So kann nur einer reden, dem das Dorf auch ganz gehört. Vielleicht hat er das von den Freiherren von Rhäzüns gelernt, zu deren Stammherrschaft neben der Burg auch das Dorf Rhäzüns nebst ausgedehntem Grundbesitz in Bonaduz gehörte. Oswald ist auch so eine Art Feudalherr geworden: zwei Schlösser (Rhäzüns und Fürstenau) nebst Grundbesitz, eine Fabrik und eine Talschaft voller Arbeitskräfte.

Seine Knappen, die Kaderleute, hat er geschickt an sein Unternehmen gebunden. Schon 1945 hat er ihnen die Padrusa-Siedlung gebaut, eine Wohnkolonie mit fünfundzwanzig Einfamilienhäusern, reserviert für Ingenieure, Meister und Schichtführer. So bildet man einen Arbeiterstamm; der schlägt dann so kräftig Wurzeln, dass man ihn kaum mehr ausreissen, geschweige denn umpflanzen kann. Hierarchie spiegelt sich auch im Wohnen.

Das dicke Ende kam für Oswald mit dem Kriegsende. Der Bund sass auf seinem Treibstofflager; der Abnahmevertrag mit der Hovag lief bis 1955. Dem eingeführten billigen Benzin wurde nun zwangsweise «Emser Wasser» beigemischt, was eine Erhöhung der Benzinpreise mit sich brachte und den Autofahrern ganz und gar nicht gefiel. 1956 sollte der Vertrag verlängert werden, Bundesrat und

Eidgenössische Räte wollten die Subventionen für ein paar Jahre weitersprudeln lassen, im Interesse des Bergkantons Graubünden natürlich.

Die Debatte wirbelte das ganze Land auf. Es wurde argumentiert, dass die Hovag Holz aus der ganzen Schweiz importiere und nicht nur aus dem Bündnerland. Es handelte sich auch nicht um Abfallholz aus den Bündner Wäldern, wie behauptet wurde, sondern vorwiegend um Sägereiabfälle, die auch die aufkommenden Spanplattenfabriken und die Papierfabriken gern verwertet hätten (statt Holz aus dem Ausland zu importieren). Damit die Hovag einen Franken der Waldwirtschaft zuwenden konnte, pfefferten der Bund und die Autofahrer zwei Franken in die Hovag. Das ist, volkswirtschaftlich gesehen, eine Dummheit.

Doch den Politikern sass noch der Korea-Schock in den Knochen. Die Aufrechterhaltung der Holzverzuckerung schien ihnen auch aus kriegswirtschaftlichen Gründen geboten (Sprit-Réduit), und sie wollten die Hovag weiterhin sponsern. Das passte der Schweizerischen Gesellschaft für Chemische Industrie und den hiesigen Kunstseidefabrikanten, die durch die Hovag konkurriert, aber vom Bund nicht subventioniert wurden, nicht; sie ergriffen zusammen mit dem Vorort und dem LdU das Referendum.

Im Verwaltungsrat der Hovag sassen damals folgende Politiker: Nationalrat Condrau, Nationalrat Gysler, Ständerat Ullman, der Bündner Regierungsrat Cahannes sowie Alt-Regierungsrat Margadant. Oswald muss gewusst haben, wie in der Schweiz Politik und Wirtschaft funktionieren, nämlich dialektisch.

Nationalrat und Regierungsrat Andreas Gadient war auch Volksvertreter (Nationalrat von 1925 bis 1959) und Hovag-Vertreter; sein Sohn, SVP-Ständerat Ulrich Gadient, ist ebenfalls Volksvertreter geworden und sitzt seit 1968 bis heute zufällig auch im Verwaltungsrat selbiger Firma; seine Tochter Brigitta läuft sich schon warm in der ersten Ersatzposition der Bündner SVP und hat gute Aussichten, die Nationalratstradition ihrer Familie fortzusetzen.

Alt-Verwaltungsgerichtspräsident Andreas Kuoni war vor seiner richterlichen Berufung Direktionsmitglied bei der Ems-Chemie.

Auch SVP-Regierungsrat Luzi Bärtsch sass vor seiner Regierungstätigkeit in der Ems-Chemie-Direktion. Bündnerische Merkwürdigkeiten. Man wird den Verdacht nicht los, dass die Ems-Chemie neben Kunstdünger auch Karrieredünger produziert.

Im Vorfeld der Abstimmung wagte es kaum eine Bündner Zeitung, gegen die Hovag zu schreiben. «Dass es zu solchen Zuständen kam, ist hauptsächlich das Werk des politischen Superintendanten der Hovag, Nationalrat Gadient, der sich nicht scheute, gegen die schweizerische Industrie, welche den Emser-Werken eine Übernahmeofferte gemacht hatte, eine hemmungslose antikapitalistische Diffamierungskampagne vom Zaun zu reissen, und dies ausgerechnet in Verteidigung eines Unternehmens, welches ein archaisches Beispiel von Kapitalismus übelster Sorte verkörperte!» Das schrieb damals die «Neue Zürcher Zeitung», der im allgemeinen eine unternehmerfeindliche Gesinnung nicht unterstellt werden kann.

Aus Ems donnerte es, dass bei einem negativen Volksentscheid Entlassungen unumgänglich seien. Überhaupt sei der Betrieb in Frage gestellt, was von einer vom Bundesrat eingesetzten Expertenkommission bestätigt wurde.

Es kam zur Volksabstimmung (Emser-Vorlage 1956). Volk und Stände verwarfen die weitere Subventionierung des Betriebs deutlich.

Hier zeigt sich die eigentliche Leistung Oswalds: Er krempelte seinen Betrieb um. Eine unternehmerische Pioniertat, so jedenfalls will es die Legende, *eine Anstrengung fast gigantischen Ausmasses*, so Blocher. Pionierhaft und gigantisch daran ist, wie Oswald jahrelang den Bund und die Öffentlichkeit täuschen und hofieren konnte. Die Fabrik kollabierte nämlich nicht nach der Volksabstimmung, wie angedroht, sondern expandierte. 1957 schrieb die Firma schwarze Zahlen (233'000 Franken Reingewinn), Wasserrechtskonzessionen wurden ergattert und von 1957 bis 1961 rund zwei Millionen Quadratmeter Boden in neun umliegenden Gemeinden aufgekauft. 1958 hatte Oswald sogar Kleingeld übrig, um Schloss Rhäzüns zu erwerben (allerdings für 210'000 Franken an einer Versteigerung günstig eingekauft). Und bereits ein Jahr nach der Abstimmung plante die

Hovag acht Kraftwerke von der sanktgallischen Grenze bis nach Ilanz und Rothenbrunnen hinauf.

Was machte Oswald so gefrässig? So siegesgewiss? Wo doch sein Betrieb hätte zusammenbrechen müssen. Oswald stellte um. Diese Umstellung hatte bereits anfangs der fünfziger Jahre, also noch in der Subventionszeit, begonnen: Produktion von Caprolactam, dem Rohstoff für Polyamid. Technisch war das kein Problem, denn die vom Bund finanzierte Infrastruktur lieferte wesentliche Hilfsstoffe wie Schwefelsäure, Wasserstoff und Ammoniak. Und noch in der Subventionszeit wurde aus dem Fabrikli eine Fabrik: 1942 beschäftigte Oswald erst hundert Mitarbeiter, 1955 bereits 1'300.

Und ein Deutscher, Dr. Johann Giesen, zeigte den Emsern, wie man Nylon macht: der Traum der fünfziger Jahre, der in den Sechzigern zum Massentraum wurde (Strümpfe). Nylon ist eine textile Kunstfaser aus Erdöl. Die nahöstlichen Erdölquellen sprudelten wie verrückt, gewaltige Erdölraffinerien wurden aus dem Boden gestampft, aus Öl billige Chemie-Rohstoffe produziert.

Dr. Giesen leitete vorher die Bayer-Farbwerke. (Bayer war in der Nazizeit Teil des Chemietrusts I. G. Farben gewesen, der das Gas für die industrielle Ermordung der Juden in den Konzentrationslagern geliefert und Hunderttausende von Zwangsarbeitern ausgebeutet hatte; nach Kriegsende wurde er von der US-Militärregierung in Deutschland wieder in seine Gründerfirmen zerlegt: Bayer, BASF, Hoechst.) Giesen sei damals gleitig verschwunden aus Deutschland, vernimmt man von älteren Ems-Chemie-Mitarbeitern. Dafür wurde er von der Hovag 1952 mit dem Titel eines Verwaltungsrates belohnt (später sogar im Ausschuss) und auf den Posten des Forschungsleiters gehievt. Seine Tochter erhielt das Medizinstudium bezahlt (sagt eine ehemalige Grossaktionärin), und eine schöne Wohnung soll auch noch dringelegen haben.

1962 wurde die Hovag umgetauft in «Emser-Werke AG». Die Synthesefaser verkaufte sich vorzüglich: Daraus produzierte man Vorhänge, Wäsche, Hemden, Uniformen, Bodenbeläge, Möbelbezugsstoffe, Fischnetze, Bergseile, Sicherheitsgurten, Bürsten, Besen und Pinsel. Die verkauften sich bis 1973 sehr gut. Dann kamen der

Ölschock, der Trend zur Naturfaser und die Verlagerung der Kunstfaserproduktion in Billiglohnländer. Nochmals wurde der Laden von unten nach oben gekehrt: Verzicht auf Massenproduktion (hoher Personal- und Kapitaleinsatz), Marktnischen suchen, nun Verpackungsfolien, Skischuhkunststoffe, Brillengestellkunststoffe, Helmkunststoffe, Kunststoffe für Heimwerkgeräte (Do it yourself!), nebenher Zünder für Panzerabwehrmunition, eine «Spezialität» (Firmenprospekt) der Ems-Patvag AG, aber seit neustem auch zivile Zünder für Auto-Airbags, Uhrenschalen, Kunststoffe für Kleber und für Benzinleitungen, zudem Forschung in Agrarchemie auf werkeigenen Gutsbetrieben.

Die Gründung der Emser-Werke gäbe Material her für ein eigenes Buch. Einige Tips für hungrige Historikerinnen und Historiker: Wie kauft man sich einen halben Kanton zusammen (Regionalgeschichte)? Wie bringt man Dorfpolitikern das Fürchten bei (Machtgeschichte)? Wie wird man Schlossherr (Feudalgeschichte)? Wie reisst man sich einen Betrieb unter den Nagel, ohne allzuviel Geld einzusetzen (Politische Ökonomie)? Wie sichert man sich die Stromversorgung (Elektrizitätsgeschichte)? Wie sichert man sich trotzdem die Freundschaft der Eingeborenen (Mythengeschichte)?

Die weitere Geschichte der Emser-Werke ist die Geschichte des unaufhaltsamen Aufstiegs des Dr. Oswald und des Abstiegs der Publikumsaktionäre.

Die Ausschaltung der Publikumsaktionäre beginnt schon in den sechziger Jahren. 1962 wurde die «Chemie Holding Ems AG» gegründet mit dem ausdrücklichen Zweck, Beteiligungen der Emser-Werke zu verwalten. Die Gründungsaktien von einer Million Franken gingen gratis an die Aktionäre der Emser-Werke. Ein Jahr später wurde das Aktienkapital von einer Million auf 21 Millionen Franken aufgestockt. Den alten Aktionären der Emser-Werke wurde ein Bezugsrecht von 1:1 eingeräumt, also eine neue Aktie für eine alte Aktie, die restlichen 19 Millionen fielen einer nicht genannten Mehrheitsgruppe zu. Das lief, wie einige protestierende Kleinaktionäre an der Generalversammlung feststellten, auf eine Entmachtung der Aktionäre der Emser-Werke hinaus. In den folgenden Jahren wurden den Emser-Werken regelrecht die Organe herausgenommen und der Holding implantiert. 1964 wurde der wesentliche Teil der früheren Beteiligungen der Emser-Werke der Holding übertragen. Die Aktionäre wurden ignoriert, sie kannten nicht einmal die während dreissig Geschäftsjahren zurückbehaltenen Gewinne, die in den Aufbau des neuen Unternehmens gestopft wurden. Nicht einmal die Bankenvertreter im Verwaltungsrat der Firma erfuhren viel mehr. Werner Oswald hatte eine panische Angst, dass ihm einer die Bude wegnehmen könnte – sogar vor seinem eigenen Bruder Rudolf, der in einer früheren Phase zusammen mit der Schweizerischen Kreditanstalt versucht hatte, die Emser-Werke an einen französischen Konzern anzunähern. Werner Oswald hatte das bemerkt und die Sache bereinigt (wahrscheinlich seinem Bruder die Aktien abgenommen).

1968 wurde Werner Oswald Verwaltungsrats-Präsident der Emser-Werke und der Chemie Holding, obschon er bereits vorher als Vorsitzender der Geschäftsleitung und wohl als Hauptaktionär der beiden Unternehmen (wir können das nur vermuten, weil über betriebliche Daten beinahe nichts an die Öffentlichkeit sickerte) sämtliche Geschäftsentscheide traf. Spätestens 1972 wurde Oswald Mehrheitsaktionär, als die Ems-Gelsenberg AG, die zu je 50 Prozent der deutschen Gelsenberg Benzin AG und den Emser-Werken gehörte, in der Holding aufging. Das Paket der Gelsenberg wurde damals von der SBG übernommen und an zwei weitere von Oswald beherrschte Holdings weitergeleitet. Seither verfügt die Chemie Holding über 25 Prozent des Aktienkapitals der Emser-Werke.

Werner Oswald war ein sehr enger Freund von SBG-Präsident Dr. Alfred Schäfer. Die beiden hatten sich im Militär kennengelernt. Schäfer war Kavallerie-Oberst und Oswald Kavallerie-Oberstleutnant. Oswald war Patriot durch und durch (das schuldete er seinem Land auch, das ihm einen ganzen Konzern finanzieren half). Aus Anlass der «450. Schlachtjahrzeit» von Marignano (1965) gründete und präsidierte er ein «Komitee zur Würdigung der Schlacht von Marignano und ihrer Konsequenzen». Zusammen mit seinem Militärkumpan Schäfer wallfahrtete er damals nach Italien, um das berühmte Schlachtfeld und das Beinhaus zu inspizieren.

Eine kleine Aktionärsgruppe empfand diese Fusion als einen Beschiss, sie warf Oswald vor, über die Emser-Werke die Gelsenberg gekauft und die SBG als Zwischenglied eingesetzt zu haben, damit die Sache nicht auffiel. Dr. iur. Blocher, der damals bereits führender Mann neben Oswald war, tat das Ganze als «läppische Angelegenheit» ab. Über zwanzig Jahre lang versuchte eine Aktionärsgruppe vor Gericht zu beweisen, dass damals nicht alles mit rechten Dingen zugegangen sei, was die Emser-Werke um 25 Millionen gebracht habe (mit Zinsen: 50 Millionen). Der Prozess endete 1992 mit einem Vergleich.

Das waren in der Tat «ganz grossflächige Operationen», diese Aktienschiebereien, erinnert sich der spätere SBG-Präsident Dr. Robert Holzach, der von 1968 bis 1980 als SBG-Vertreter im Verwaltungsrat der Emser-Werke sass. Das Wort Operationen ist gut gewählt, man könnte noch präziser sagen: Amputationen, wie wir oben gesehen haben. Aus dem Verwaltungsrat selber sei damals Widerstand gekommen, auch von Bruno Saager, Mitglied der SBG-Generaldirektion und ab 1963 im Verwaltungsrat der Chemie Holding und auch ein persönlicher Freund Oswalds. Er selber, Holzach, habe als Minimalforderung gestellt, dass von beiden Seiten beglaubigte Bewertungen vorliegen müssten. Das habe man dann gemacht, «aber in einer Art, wo man knapp zustimmen konnte».

1978 gingen die Emser-Werke in den Besitz der Chemie Holding über, die stimmenmässig von Oswald kontrolliert wurde. Oswald war nun Herr über einen weltweit tätigen Konzern, dessen Aktienkapital bei der Gründung von 1936 nur rund 40'000 Franken betragen hatte.

Aus dem Diener Blocher wird ein Grossverdiener

Blocher ist ein sozialer Unternehmer. Er gibt seinen Arbeitern von morgens früh bis morgens früh Arbeit, einigen sogar sonntags (Drei-Schicht-Betrieb: 6 Uhr bis 14 Uhr, 14 Uhr bis 22 Uhr, 22 Uhr bis 6 Uhr), so viel, dass sein Direktionspräsident 1992 verlauten lassen kann: «Neben dem Nachteil der geographischen Lage haben wir einen grossen Vorteil, dies ist die Mentalität unserer Mitarbeiter. Sie arbeiten länger und mehr als Angestellte in vergleichbaren Unternehmungen. Wir haben sehr gute Mitarbeiter, die kreativ sind und sich auf ihre Arbeit konzentrieren.» Diese Fleissige-Bienen-Mentalität ist auch eine Frucht von Blochers «Leistungslohnsystem»: Zu einem Grundlohn kommt ein Surplus dazu, das von einem direkten Vorgesetzten «durch gemeinsame Leistungsbeurteilungs-Gespräche» festgelegt wird.

Leistungslöhne sind in der Industrie keine Ausnahme. Nur – wie misst man die Leistung? In der Physik haben sie uns eingetrichtert: L = Arbeit : Zeit. Das verstehen wir. Aber wie misst man die Arbeit an einem Automaten, der den Arbeitsrhythmus vorgibt? Entweder hält da einer mit oder nicht. Wie misst man diese Leistung? Dazu kommen in der Industrie Kriterien wie Erfahrung, Qualifikation, Lebensalter, Dienstalter usw. Entscheidend ist, wie hoch dieser Leistungslohnanteil am gesamten Lohn ist, und noch entscheidender, ob diese Kriterien verbrieft sind, also kontrollierbar.

Cuno Pümpin, ein ehemaliges Mitglied des Verwaltungsrats-Ausschusses des gesamten Ems-Konzerns, erklärt mir dazu, er kenne das Emser System zuwenig. Wen wundert es da, dass auch die Gewerkschaften nicht im Besitze dieses Leistungslohnkatasters sind, wenn nicht einmal die oberste Führung darüber Bescheid weiss? Der Vorgesetzte entscheidet. Die Arbeiter sagen dazu, es spiele eine Rolle, ob dem Vorarbeiter deine Nase gefalle. Das ist kein Leistungslohn, das ist Nasenlohn. Die Gewerkschaft behauptet sogar, in den vergangenen drei Jahren hätten nicht einmal diese Nasenlohngespräche stattgefunden.

Der Emser Lokalhistoriker Federspiel schrieb 1961 in seiner dreibändigen Emser-Geschichte: «Ems befindet sich heute auf dem Weg zum Weltruhm. Es gibt rund 1'650 Angestellten und Arbeitern guten Verdienst. Die Metamorphose im Leben des einzelnen hat sich durchgekämpft.» Ich hätte gern mehr über diese Metamorphose erfahren, vor allem, warum die Angestellten länger und mehr arbeiten als andere. Aber die Emser-Arbeiter sind loyal. Jeder fünfte im Dorf arbeitet dort, es braucht eine gehörige Portion Dummheit (oder sehr viel Mut), sich gegen den eigenen Arbeitgeber zu stellen, vor allem wenn man weiss, dass er der einzige ist. Auch die Betriebskommissionsstimme bekundet schon fernmündliche Angst und mag nicht darüber reden.

B. gibt vielen Menschen Arbeit. Manchmal nimmt er sie ihnen auch wieder weg. Zum Beispiel, wenn er die Produktion ins Ausland verlegt, weil da die Löhne tiefer sind. 1985 hat er die Togowerke AG in Romanshorn gekauft. Diese kleine Firma, 1900 gegründet, hat sich tapfer gehalten mit ihrem Teppichschaum (Hagerty), ihren Schuhwichsen, Schaumbädern und Teppichreinigern. Auch sie hat erfolgreich den Laden von oben nach unten gekehrt: zuerst auf Kosmetika gewechselt, dann in den siebziger Jahren in die Automobilbranche (Kleber). 1989 verlagerte B. einen Teil der Produktion nach Belgien und liess von den hundertfünf Mitarbeitern deren vierundzwanzig «freistellen», wie das im Jargon heisst. Offiziell wurde verlautbart: Es handle sich um qualifiziertes Personal, das ohne Probleme neue Stellen angeboten bekäme, im eigenen Konzern seien derzeit «mehrere hundert Stellen frei». Einer der vierundzwanzig hat zwar eine neue Stelle angeboten bekommen, aber in Belgien. Das sei ihm ein wenig zu fern von der Heimat gewesen, ausserdem sei ihm der Bodensee ans Herz gewachsen, und sei er doch auch nicht mehr der Jüngste gewesen (57). Er habe Haus und Familie in der Ostschweiz und zehn Jahre in der Firma gearbeitet. Jetzt ist er Präsident der kantonalen Arbeitslosenvereinigung.

Offiziell wurde verlautbart, dass dieser Umzug Einsparungen bei

Fertigungs- und Transportkosten mit sich bringe. Das stimmt, doch hat die Firma die Personalkosten zu erwähnen vergessen: Von den 1,8 Millionen eingesparten Franken machten diese rund 900'000 Franken aus, wie die firmeninterne Studie vorrechnet: «... verringerte sich der Personalaufwand um ca. 40%. Diese Einsparung ergibt sich aus einem Synergieeffekt (Rationalisierung) von ca. 10% und von einem um ca. 30% tieferen Lohnniveau in Belgien.» Es werde ausserdem die Personalsuche in Belgien sich als «unproblematisch» erweisen, da in dieser Gegend eine sehr hohe Arbeitslosigkeit herrsche und sich in der Nähe eine chemische Hochschule befinde.

Wie ist der Manager Blocher zum Besitzer geworden? 1983 brachte eine Schweizer Finanzzeitung in ihrer Rubrik «Köpfe des Jahres» den Kopf Christoph Blochers. Da war zu lesen: «Noch mehr Aufsehen erregt die neueste Meldung, wonach die Oswald Holding AG in Hurden SZ verkauft worden sein soll. Sie verfügt über rund 60 Prozent der Aktien der Ems Chemie Holding AG, deren Verwaltungsrats-Delegierter (und starker Mann) Blocher ist. Dieser Verkauf wird aber sicher nicht das Ende der Karriere des Dr. iur. Christoph Blocher bedeuten (...).»

Aber keineswegs. Es war der Schub vor dem Abheben. Der starke Mann war nämlich der Käufer.

Werner Oswald, der Ems-Gründer, starb 1979. Er war schon länger herzkrank gewesen und hatte einen Herzschrittmacher getragen. Während einer Arbeitssitzung mit einem Vertreter der deutschen Ruhrkohle in der Bank Leu brach er tot zusammen. Er arbeitete bis in seine letzte Minute hinein. Die Bank wurde zu seinem Totenbett.

Seine Witwe und ihre Kinder hielten als Familiengesellschaft eine kontrollierende Mehrheit der Aktienstimmen an der Ems-Chemie (und zwar über die Oswald Holding). Der Firma ging es nicht sonderlich gut, die Wirtschaft hatte einen konjunktürlichen Schnupfen, 1981 musste sogar auf die Ausschüttung einer Dividende verzichtet werden (die einzige Einkommensquelle der Familie), der Anlagebereich Ems-Inventa AG hatte eben einen massiven Rückschlag in südamerikanischen Abnehmerstaaten zu verdauen (ausserordentliche Abschreibungen von 15 Millionen Franken). 1982 mussten sogar ein Überbrückungskredit von 45 Millionen aufgenommen und über fünfzig Entlassungen vorgenommen werden. Dennoch handelte es sich bei der Ems-Chemie nicht um ein angeschlagenes Unternehmen; das konjunkturelle Umfeld machte der Gruppe zwar zu schaffen, doch die finanzielle Situation war solide, vor allem im Wissen um die in der Bilanz vorhandenen stillen Reserven wie die konservativ bewerteten Mehrheitsbeteiligungen an Wasserkraftwerken und Grundbesitz.

Die Ems-Chemie wurde seit Oswalds Tod von einem Statthalter regiert: dem Manager Blocher. Wie war er Statthalter geworden? Es war Frau Oswald, die den jungen B. seinerzeit in die Firma geholt hatte. B. war aus dem Hause Oswald längst ausgezogen, denn er studierte in der Stadt Jurisprudenz und arbeitete bei der Post als Werkstudent (er weiss, was schaffen heisst, das ist nicht zu bestreiten). Die Juristerei hatte er gewählt, weil er Bundesrichter werden wollte wie sein Götti Eugen Blocher. Mit siebenundzwanzig heiratete er, «es war eine richtige Studentenehe, er studierte, und ich arbeitete», sagt Frau Blocher, die zu seinen Gunsten ihr Mathematikstudium aufgab. Nach Abschluss des Studiums wusste er nicht so recht, wie weiter. Da sagte Frau Oswald zu ihm am Telefon: «Und wenn du es jetzt mal in der Industrie versuchst? Kannst ja nachher immer noch Richter werden, und dann weisst du schon etwas vom Leben.» Schlug vor, ihrem Mann zu telefonieren, aber ja nicht zu erwähnen, dass sie dahinterstecke. Sie wusste, ihr Mann hatte den Narren an ihm gefressen.

Und es klappte. B. trat in den Rechtsdienst der Ems-Chemie ein. Ein Alt-Verwaltungsrat der Firma sagt, Oswalds panische Angst vor «Überfremdung» habe sich dann umgekehrt geäussert im riesigen Vertrauen, das er Christoph Blocher entgegengebracht habe. «Christoph Blocher war Oswalds Mann und verfügte über nahezu unbeschränkte Kompetenzen schon zu Lebzeiten Oswalds.»

B. war wie der Hans im Glück. Werner Oswald hatte schon zweimal versucht, einen Kronprinzen aufzubauen. Der erste, ein junger Deutscher aus guter Familie, auch so eine Art Sohn Oswalds, sei aber so gleitig abgetaucht wie aufgetaucht. Den zweiten hatte er eben vor die Tür gestellt, man munkelte von Türschloss auswechseln und so weiter. B. kam gerade recht. 1969 trat er an als Rechtsberater, 1971 war er bereits Vizedirektor und Generalsekretär, 1973 Direktionsvorsitzender und 1979 Delegierter des Verwaltungsrates der gesamten Ems-Gruppe. Spätestens dann, sagt ein ehemaliger Vizedirektor einer Ems-Filiale, war klar, wer der künftige Chef sein würde. Eingefädelt habe das schon ihr Mann, bestätigt Frau Oswald, aber dass Blocher gleich den ganzen Laden übernimmt, das habe sich ihr Mann wohl auch nicht so vorgestellt.

Im Frühling 1983 griff Blocher an. Im Auftrag der Familie sollte er die Ems-Gruppe verkaufen. Dass die Gründerfamilie einem Verkauf nicht abgeneigt war, vor allem die Söhne Christoph, Werner und Hermann, die wollten offensichtlich Bares sehen, das wusste B. Aber dass der Verkäufer zugleich der Käufer war, das wussten sie nicht, sagt Frau Oswald.

Hätte nicht einer der Söhne Oswalds die Bude übernehmen können? Christoph Oswald sagt heute am Telefon, er rede nicht über andere Leute, sondern nur noch von Jesus Christus (und gründet jetzt eine christliche Schule). Er wusste damals mehr als seine Mutter, denn er sass mit seinem Bruder Werner und mit Blocher in der Geschäftsleitung und war der Familiensprecher. Er habe gewusst, dass B. der Käufer war, und B. sei ihm auch der «liebste» Käufer gewesen, lieber zumindest als ein ausländischer. Er selber habe kein Interesse an der Führung des Unternehmens gehabt.

B. soll darauf bestanden haben, dass das Geschäft mit einer Vertretung abgewickelt werde («Alles oder nichts», sagt Frau Oswald); er verhandelte nicht mit den einzelnen Grossaktionären, sondern liess sich über die Söhne Christoph und Werner Oswald die Unterschriften der restlichen Aktionäre besorgen, wie die «Weltwoche» schrieb. Tochter Marianne Oswald wusste nicht, wer der Käufer war. Frau Oswald auch nicht: «Ich habe immer vermutet, er stecke dahinter, habe aber keinen Beweis gehabt; aber er ist es ja dann doch gewesen. Als ich da in dieser Wohnung eine Stunde lang unterschrieben habe, sagte ich zu meinem Sohn: Weisst du, mit jeder Unterschrift habe ich das Gefühl, ich mache Striptease, am Schluss bin ich blutt. Damals waren wir der Meinung, es wisse niemand von uns, dass er das übernehme.»

Eine familienfremde Aktionärin, die im Verwaltungsrat der Oswald Holding sass, Tochter des Escher-Wyss-Direktors, Emser-Mitgründers und Ingenieurs Robert Peter, wusste damals auch nicht, an wen sie und ihre Schwester verkauften. Der Name Blocher sei als Käufer nicht aufgetaucht. Die Oswald-Söhne hätten sie gedrängt, es sei jetzt ein Käufer gefunden worden, aber sie müssten sich flott entscheiden, der Firma gehe es schlecht – und sie verkauften.

Eine Finanzzeitung unterstellte damals, dass B. die Familie Oswald ein bisschen in Panik versetzen wollte, indem er 1982 zum zweiten Mal keine Dividende auszahlte. Zumindest hemmte er damit ihre Verkaufsbereitschaft nicht. Was sagt Blocher zu diesem Vorwurf? *Ems war damals in einem sehr schlechten Zustand. Natürlich gab es hoffnungsvolle Bereiche, an die ich glaubte. Aber niemand wollte die Firma haben: Bank, Industrie – alle winkten ab. Nur deshalb habe ich Ems überhaupt gekauft. Als ich mich dazu entschlossen hatte, wusste ich, dass ich in Zukunft mit zwei Möglichkeiten von Vorwürfen werde leben müssen: Entweder verschlechtert sich der Zustand von Ems derart, dass alles zusammenbricht – dann heisst's: Habt ihr gesehen, der hochnäsige Blocher, der ohne Geld eine Firma kauft und zur Führung nicht in der Lage ist. Oder es läuft positiv, dann heisst's: Der Blocher hat schon beim Kauf gewusst, was in Ems eigentlich steckt. Ich hoffte immer auf den zweiten Vorwurf. Wie man sieht, ist der jetzt auch eingetroffen.*

Warum hat kein Sohn die Bude weitergeführt? «Ja, das habe ich auch gemeint», sagt Frau Oswald, «und das hätten sie auch gekonnt. Wir hatten nicht viel Kapital, der Grund waren diese Krisenjahre. Dann ist der Werner gekommen und hat gesagt: Schau, ich muss in Ems soundso viele Leute auf halbe Arbeit setzen, da können wir es uns nicht leisten, eine Dividende zu beziehen. Das war damals eine grosse Familiendiskussion. Ich habe dann sofort begonnen zu arbeiten (Klavierunterricht, der Verf.). Ich habe eigentlich, solange ich diese Papiere besass, nie etwas gehabt davon. Dann haben die Buben gesagt, für uns ist das nicht interessant, es gibt auch keine Zukunft, wir wollen verkaufen. Das hat mir keine Freude gemacht.» Sie wisse heute noch nicht, ob ihre Söhne mit B. gesprochen haben. Der habe immer vorgeschoben, es seien Käufer da, und jemand behaupte heute noch, ein ausländischer Interessent habe achtzig Millionen geboten, und das wäre es auch wert gewesen, sagt Frau Oswald. B. habe sechzehn Millionen bezahlt (neben nichtmonetären Leistungen, sagt ein Sohn). «Für mich ist es eigentlich ein Schock gewesen, dass er die Firma auf diese Art an sich gezogen hat.»

Ein ehemaliger Aktionär findet, das sei ein eigentliches Gangster-Stück. Oswald habe B. alle Möglichkeiten gegeben, und nachher bescheisse er die ganze Familie und kaufe ihr die Firma für ein Butterbrot ab. Schätzungen besagen, das Geschäft hätte drei- bis viermal soviel Wert gehabt. B. kaufte billig, und die Eigentümerfamilie verkaufte zum schlechtmöglichsten Zeitpunkt: am Ende einer Talsohle, vor einem neuen Aufstieg. Bereits im Herbst 1983 meldete B. der Presse: «In den ersten fünf Monaten des laufenden Geschäftsjahres sanken die Gemeinkosten um 5 Prozent, die Produktivität wuchs gleichzeitig um rund 15 Prozent, und die Erträge in den beiden Hauptsparten Kunststoffe und Synthesefasern steigen kräftig an.» 1984 und 1985 wurde eine «markante Leistungssteigerung» (NZZ) hingelegt.

Aus der Managementlehre und auch aus dem wirklichen Leben ist bekannt, dass eine Firma ihre Manager auswechselt, wenn es ihr schlechtgeht. Auch B. betont das immer wieder. Auffällig und einmalig an dieser Geschichte ist, dass derselbe Manager eine Firma in den sieben mageren Jahren führt, dann Eigentümer wird und mit einem gewaltigen Turnaround, wie die Ökonomiker sagen, die sieben fetten Jahre einläutet. Hierüber wundert sich auch ein Professor für Managementlehre und ehemaliges Mitglied des Ausschusses im Verwaltungsrat selbiger Firma.

Heute gehört der Emser Konzern zwar nicht zu den hundert grössten Schweizer Unternehmen, wenn man nach Umsatzzahlen misst, aber zu den zehn rentabelsten, ertragreichsten und gewinnträchtigsten. Wie hat B. das geschafft? Er kaufte den rund sechzigprozentigen Stimmenanteil mit fremdem Geld. Er selber hatte laut Steuerauszug 764'000 Franken Vermögen, den Rest beschaffte er sich über Bankkredite. Die Banken hatten wohl auch Interesse an der Firma, sassen doch die Grossbankenvertreter bereits im Verwaltungsrat der Emser-Werke. Und seit der Gründung der Chemie Holding 1962 sassen die Generaldirektoren der drei Grossbanken Schweizerische Bankgesellschaft, Schweizerische Kreditanstalt und Schweizerischer Bankverein im Verwaltungsrat. Und das tun sie heute noch. 1980 kam zwischenzeitlich noch der Verwaltungsrats-Präsident der Bank Leu hinzu.

Die Voraussetzungen für die Übernahme waren günstig. Seit 1978 lief ein vierjähriges Investitionsprogramm, und die Banken sollen den Patron Oswald, der bereits krank war, bei der Reorganisation 1978 vehement zur Straffung des Konzerns unter Ausschaltung der Publikumsaktionäre angehalten haben, munkelten die Zeitungen. Das hiess: Machtkonzentration; der Konzern war nach der Reorganisation mit einem kleinen Aktienpaket leicht kontrollierbar – von wem auch immer.

1983 mobilisierte die «Ems Chemie AG» (vormals «Emser-Werke AG»), also der industrielle Kernbetrieb der Holding, ein paar stille Reserven, indem sie ihren Grundbesitz von 15,7 Millionen auf, Hokuspokus Fidibus, 35,7 Millionen Franken aufwertete. Die stillen Reserven heissen so, weil sie im verborgenen wirken und vom Fiskus nicht erfasst werden. Hätten diese zwanzig Millionen noch nicht ausgereicht, wäre da ja auch noch die Börse gewesen. Denn nach Blochers Übernahme erholten sich die Börsenkurse so erfreulich, dass er den Kauf der Firma problemlos über die Börse habe zurückbezahlen können. Die Schweizerische Bankgesellschaft finanzierte Blocher die erste Tranche, die aber noch vor Jahresende wieder abgelöst wurde, weil B. von einer anderen Bank eine günstigere Offerte erhielt. Die Bank sei darüber nicht unglücklich gewesen, weil Blocher ja bereits im Verwaltungsrat der SBG sass (seit 1981, auf Empfehlung Werner Oswalds) und diese Verpflichtung gegenüber der Bank der Bankenkommission hätte gemeldet werden müssen. «Blocher musste sich für diese Transaktion gewaltig verschulden», vermutet der damalige SBG-Präsident Holzach. «Das war riskant. Denn das Geld für den Kauf hätte Blocher aus dem Unternehmen allein nie in so kurzer Zeit herausgebracht. Er hatte die Chance, ein Geschäft zu machen, und den besten Einblick in das Unternehmen und die Familie.» Dass B. den Zustand der Firma schlechter dargestellt hat, als er war, weist der Bankenvertreter zurück. Das gehe wohl zu weit.

Ebenso entscheidend war: Blocher kannte den Psychohaushalt der Familie Oswald, konnte annehmen, dass keiner sich so richtig industriell berufen fühlte, wusste um die Zurücksetzung der Söhne durch ihren Vater, konnte ahnen, dass sie mit dem Ertrag aus der Firma kaum ihre Vermögenssteuer bezahlen konnten und dass sich der behördlich eingeschätzte Steuerwert zwischen 1978 und 1983 auf das Achtzehnfache erhöht hatte (behauptete damals Christoph Oswald), weil neu der Bund und nicht mehr der Kanton einschätzte.

Jetzt war B. der Patron. Jetzt konnte er sagen, wo's langgeht, auch den Oswald-Söhnen, die in Watte aufgewachsen waren und es leichter gehabt hatten als er. Er, der Pfarrerssohn, hatte sich heraufgeboxt, nun zeigte er ihnen, wie man so etwas macht.

Der älteste Sohn, Werner Oswald jun., arbeitete im Betrieb mit. Aber es habe nicht mehr gegeigt mit dem Christoph Blocher, sagt Frau Oswald, der habe ihn dann rausgeekelt. Das habe sie sehr unfair gefunden, und das sei der Grund, weshalb sie seither immer wieder aus dem Verwaltungsrat der Ems-Chemie austreten wollte. Doch die wollten sie behalten, hätten eben eine Garnitur gebraucht, den Namen Oswald und erst noch eine Frau an der Spitze ... Sonst hätten die Frauen bei ihm ja nicht viel zu sagen, er habe die uralte Auffassung, die Frau gehöre an den Herd und zu den Kindern.

Frau Oswald garnierte den Verwaltungsrat aber trotzdem von 1979 bis 1991.

Mit Sohn Hermann sei es genau drei Tage lang gegangen, sagt Frau Oswald. Sohn Christoph habe auch eine Zeitlang bei B. gearbeitet, dann habe er gemeint: Weisst du, für B. bin ich nur der Papierkorb, alles, was ihm nicht passt, wirft er mir hin.

Ihrem Mann, sagt Frau Oswald, habe sie mit diesem Christoph

Blocher etwas Gutes getan – ihren Kindern aber nicht. Ihr habe er keine Schwierigkeiten gemacht, aber ihre Kinder, die seien eifersüchtig gewesen, dass er da sein durfte wie ein eigenes Kind und sogar vom Vater bevorzugt wurde.

Warum braucht B. den Firmengründer Oswald immer noch? Weil der den Bündnern tatsächlich Arbeit gebracht hat, mit Staatshilfe zwar, aber immerhin. Seit B. die Firma führt, werden im Stammhaus in Domat/Ems die Arbeitsplätze abgebaut: von 1'800 im Jahre 1980 auf 1'200 im Jahr 1992, rechnet mir die Gewerkschaft vor. Es werden nur die Mitarbeiterzahlen des gesamten Konzerns veröffentlicht. Die genaue Zahl der Belegschaft in Ems hat die Gewerkschaft aus verschiedenen Quellen errechnen müssen.

Ab und zu sagt B. an politischen Veranstaltungen: *Ich habe ja ein gutes Verhältnis mit den Ausländern.* Das stimmt. Er denkt da wohl an das gute Arbeitsverhältnis, denn ein Drittel der Arbeiter in Ems sind Ausländer, also etwa vierhundert, davon sind etwa fünfzig Asylbewerber. Nach eigenen Angaben arbeiten dreihundertfünfzig Angestellte in Ems im Schichtbetrieb. Es ist zu vermuten, dass besonders viele ausländische Arbeitnehmer in der Produktion, also in der Schicht beschäftigt sind; unqualifizierte Einheimische bleiben lieber auf dem Bau, weil sie da, wie die Gewerkschaft behauptet, immer noch mehr verdienen. Die Ausländer kommen gerne nach Ems, weil sie im Gastgewerbe (Löhne von 2'000 bis 2'500 Franken) oder in der Bündnerfleisch-Produktion noch miserabler verdienen sollen.

Das bringt neben dem Vorteil billiger Arbeitskräfte noch einen anderen mit sich. Wer von der Arbeiterklasse redet und meint, alle Arbeiter in einem Betrieb hätten auch das Bewusstsein, Arbeiter zu sein und auf gleicher Stufe zu stehen, der hat noch nie in einer Fabrik gearbeitet. Die gelernten Arbeiter werden besser bezahlt als die ungelernten Hilfsarbeiter. Es bilden sich Kasten, die schliessen sich nach unten ab. Und nach oben. Denn oben ist immer eine Kaste, die noch privilegierter ist und sich auch nach unten abschliesst.

Das ist der zweite Vorteil für den Arbeitgeber, den ungleiche Bezahlung mit sich bringt. Die privilegierten Arbeiter versuchen, ihre Privilegien zu wahren.

B. hat einem Journalisten gesagt: *Wenn ich die Löhne meiner Angestellten öffentlich verkünden würde, gäbe das doch intern eine unerhörte Diskussion und Unruhe im Betrieb.* Das glauben wir auch.

Von inneren Werten und einer (Pharma) Vision

Was, denken Sie, ist eine der folgenreichsten Erfindungen des 19. Jahrhunderts für unser Wirtschaftsleben?
Der Benzinmotor? – Gewiss, der auch.
Das Telefon? – Das auch.
Die Glühlampe? – Na ja …
Die …? – Die Aktiengesellschaft!
Die war nicht einfach da, die musste erst erfunden werden und durchgesetzt gegen staatliche Panzersperren. Erst mit ihr konnte die Eisenbahn gebaut werden, obwohl die Schienen schon längst erfunden waren. Das «AG», worauf ich als Junge mächtig stolz war (so viele Firmen aus meinem Kanton), meint etwas anderes: die Aktiengesellschaft. Das ist so etwas wie ein Staubsauger, schleckt auch bisher in Sparstrümpfen gelagertes Sackgeld auf. Und die Wirtschaft wäre nicht die Wirtschaft, wenn sie nicht aus Aktiengesellschaften bestünde. Und Blocher wäre nicht Herr über eine ganze Talschaft, wenn es die Aktiengesellschaft nicht gäbe. Er dirigiert den Ems-Konzern, wozu über dreissig Tochtergesellschaften gehören. (Warum in der Wirtschaft diese Tentakel immer weiblich sind, weiss niemand. Es ist aber bekannt, dass sie meist von Söhnen und nicht von Töchtern kommandiert werden.) Die dirigiert er, obwohl er gar keine Kapitalmehrheit hat, sondern eine Stimmrechtsmehrheit. Das sind winzige Unterscheidungen, aber entscheidende.

Am Rheinfall kann man die Idee der Aktiengesellschaft ganz konkret bestaunen. Ein Tropfen Wasser, was vermag der zu bewirken? Es ist höchstens der Tropfen auf den heissen Stein. Hunderttausende von Wassertropfen, was vermögen die zu bewirken? Sie können Brücken zum Einstürzen bringen, Städte zerstören, Kalkfelsen durchbohren; in der Gemeinschaft sind sie stark und mächtig. Das ist die Aktiengesellschaft.

Blochers Ems-Chemie ist gesund. Mehr gibt es dazu nicht zu sagen. Ausser dies: Seine Börsengeschäfte sind noch gesünder. Und wenn man, wie in der Wirtschaft, unter Gesundheit versteht, dass mit möglichst wenig Mitarbeitern möglichst viel Profit erzielt wird, dann sind Blochers Börsengeschäfte kerngesund.

Im Mittelalter haben sie sich gefragt: Wie mache ich aus Dreck und Schwefel Gold? Heute fragen sie sich: Wie mache ich aus einem Franken zwei Franken? Das Rezept hat Blocher von Dr. Martin Ebner, der berät ihn in Finanzfragen. Zum Beispiel erfindet Ebner für ihn «Cotos», eine Art Dividende, aber steuerfrei, was dem Finanzminister Otto Stich viel Ungemach bereitet. Kaum hat der Fiskus sich gegen dieses Pestizid immunisiert, werden noch raffiniertere Methoden gezüchtet, um am Staatssäckel vorbeizuprofitieren. Löcher im Steuernetz suchen ist eine wichtige Aufgabe in der Wirtschaft. Und bekanntlich gehört das Recht nur dem, der es auch kennt.

Herr Ebner verdient sein Geld mit der von ihm 1985 gegründeten BZ Bank, einer Art Aktienhandelshaus, und den drangehängten Beteiligungsgesellschaften, zum Beispiel der BK (für Bank) Vision, die er 1991 gegründet hat. 1993 war seine BZ Bank mit einem Anteil von 20 Prozent am Schweizer Aktienmarkt eines der führenden Häuser des Landes. Ende 1992 erreichte der Wert der für in- und ausländische Kunden verwalteten Effekten gut 10 Milliarden Franken, ein Jahr später bereits 24 Milliarden Franken. Der Unterschied zu den traditionellen Grossbanken ist: Diese haben ein paar tausend Angestellte – die SBG zum Beispiel beschäftigt immerhin 27'500 Mitarbeiterinnen und Mitarbeiter –, Ebners BZ Bank nur neunzehn. Was den Reichtum des gesamten BZ-Imperiums, zum Beispiel die Milliarde Kapitalgewinn 1993 (laut Schätzung der «SonntagsZeitung»), nicht gerade gesund verteilt.

Und obwohl es verdächtig ist, etwas zugunsten der Grossbanken zu sagen, kann ich nichts dafür, wenn hier für einmal nicht über sie geschimpft wird.

Blocher hat einmal im Nationalrat gesagt, da gebe es *ein paar Starärzte, Halbgötter, deren Einkommen geradezu unanständig sind. Soviel kann man ja gar nicht arbeiten, wie die verdienen!* Seine eigenen Börsengewinne sind, wie wir noch sehen werden, auch nicht gerade anständig.

Beteiligungsgesellschaften haben Probleme, den Sinn ihres Tuns allgemein verständlich darzulegen. Das Ziel ist, wie sie sich ausdrücken, «einen nachhaltigen Mehrwert für die Aktionäre zu schaffen». Der Mehrwert ist das, was der Arbeiter in die Ware hineinsteckt und was der Unternehmer als Weihnachtsgeschenk erhält, wenn ihn die Ware verlässt. Auf börsianisch heisst das: Der Unternehmer arbeitet mit dem Geld vieler, bestäubt es und lässt es fruchtbar werden; die Kunden wollen mehr zurückbekommen, als sie gegeben haben. Das versteht auch ein Postcheckkontobesitzer. Ebner erreicht dies, indem er nur erstklassige Ware einkauft, Banken-, Versicherungs- und Chemietitel, also aus dem eidgenössischen Tresor schlechthin den Nektar saugt. Den grössten Happen machen Aktien der SBG aus. Die BK Vision ist die grösste Einzelaktionärin der SBG, deren Kapital sie bereits zu rund einem Fünftel besitzt (Namenaktien). Auch bei der Zürich-Versicherungsgesellschaft ist sie eine der gefrässigsten Nummern.

Die auch von Ebner dirigierte «OZ Zürich» machte 1993 einen Reingewinn von 80 Millionen Franken (357 Prozent mehr als im Vorjahr). Diese Millionen wurden von sechs Leuten erwirtschaftet. Die «OZ Zürich» arbeitet nicht mit Aktien, was schon abstrakt genug ist, sie handelt mit den Rechten, künftig Aktien zu kaufen oder zu verkaufen. Das nennen die Börsenleute Optionen. Und sogar das kann man an der Börse verkaufen. Zur Unternehmerphilosophie gehört die «aktive Bewirtschaftung» der Beteiligungen: Ebner und Blocher beackern sie, pflügen sie, walzen sie, düngen sie, brechen sie um. Blocher spricht gern von Verantwortung, wenn seine Unternehmerseele interviewt wird. Da müsste er einmal eine Supervision machen. Denn was soll man davon halten, wenn sich Blochers Pharma Vision in zwei sich konkurrierenden Konzernen als Grossaktionärin beteiligt, ohne in den Verwaltungsräten zu sitzen? Da muss sie keine Verantwortung tragen und kann sich, wenn die Zeiten auf windstill stehen, ohne Rücksprache mit der jeweiligen Firma von ihren Beteiligungen lösen. Das ist nicht unpraktisch.

Blocher ist seit 1991 Verwaltungsrats-Präsident so einer Beteiligungsgesellschaft, der «Pharma Vision 2000 AG». Er hat zusammen mit der BZ-Gruppe Ebners und der Rolex Holding (ja, die Uhr, die Sie sich nie werden leisten können) die Stimmenmehrheit. Mit je 6 Prozent des Kapitals verfügen sie über je 17,4 Prozent der Stimmen (=52,2 Prozent). Dieser Kapitalstaubsauger beteiligt sich in der Pharmabranche und reihte sich 1992 unter die zehn erfolgreichsten Kursgewinner am Schweizer Aktienmarkt ein. Und von welch edler Politur er ist! Das Portefeuille (französisch – betont das Spritzige und Mondäne dieses Berufs) wies Ende 1993 einen Kurswert von 3,5 Milliarden Franken auf und setzte sich aus Roche- und Ciba-Geigy-Titeln zusammen. Und er funktioniert so: Man pirscht sich an eine an der Börse unterbewertete «Ertragsperle» heran (nur Topfirmen werden angeknabbert), kauft, und mit relativ geringer Munition, nämlich dem, was für eine knappe Mehrheit der Visions-Stimmrechtsaktien nötig ist, baut man eine Kontrolle über die Beteiligung eines Aktienpaketes auf (52,2 Prozent). Das erreicht man, indem man selber billige Aktien mit fünffachem Stimmrecht kauft, der Mehrheit (Aktienvolk) aber teure Aktien verkauft, die an der Generalversammlung dazu berechtigen, gratis eine Kanne Kaffee zu trinken. Die BK Vision zum Beispiel ist zwar zu 80 Prozent im Publikumsbesitz. Stimmenmässig reden diese 80 Prozent aber nur zu 44 Prozent mit. So geht das. Und das ist in der Finanzwelt völlig normal.

1993 war Blochers Pharma Vision an der Roche mit drei Milliarden beteiligt und damit im Besitz von 8,4 Prozent der Roche-Stimmen. Damit dürfte er neben den Nachkommen der Gründerfamilie das wichtigste Aktienpaket kontrollieren.

Diese Aktiengeschichten bescherten ihm spektakuläre Erträge. Und man kann nicht mehr darüber streiten, ob das noch etwas mit einem Industriellen zu tun habe; vielleicht ist er so etwas wie ein Industrieller 2000.

Warum kaufen die Aktionäre nicht direkt Aktien, sondern besorgen das über eine solche «Vision»? Das ist wegen der Psychologie. Ebner und Blocher entern nur Luxusliner und beschränken sich auf ausgewählte Branchen. Das aber besorgen sie gründlich, weil sie stets Riesenbeteiligungen kaufen. Das können sie, weil die Kleinaktionäre ihnen ihren Sparbatzen liefern (im Jargon «Volksaktie» genannt). Die Kleinaktionäre haben Vertrauen in die «Visionen» und glauben, dass ihr Kapital als Teil eines Monsterkapitals sich fruchtbarer vermehrt. Denn Ebner und Blocher nehmen auch Einfluss auf die Geschäftspolitik dieser Buden, weil sie sozusagen als Eigentümer auftreten können. Der Grad dieser Einflussnahme ist allerdings sehr umstritten. Hauptsache, der Volkskapitalist glaubt daran.

Da ist noch ein Dritter im Bunde: Professor Doktor Kurt Schiltknecht. Er führt Blocher und Ebner das Geschäft, und das sehr gut, wohl auch deshalb, weil er nur verdient, wenn die Aktienkurse eine bestimmte Höhe erreichen. Das produziert Motivation – und eine volle Lohntüte: 1993 zahlte die Pharma Vision Schiltknechts «BZ Trust» 339 Millionen Franken als Führungs- und Erfolgshonorar. Das ist mehr, als Blocher aus seiner Ems-Chemie herausholt.

Was sie ausserdem zusammenschweisst: Alle drei sind sie auf ihre Art Aussenseiter. Ebner hat in Zürich Rechts- und Staatswissenschaften studiert, erste Berufserfahrungen gesammelt für eine Schweizer Grossbank in Paris und London, nachher war er Wirtschafts- und Finanzberater einer amerikanischen Firma. Seinen Doktor holte er sich an der Universität von Florida («Development, Estimation and Forecasting Accuracy of Regional Financial Models within the State of Florida», 1976), dann ging's wieder heim zur Bank Vontobel in Zürich. Bis hierhin steckte er noch in den klassischen Abschussrampen, dann fing es an zu klemmen. Das hielt ihn jedoch nicht ab, er zerbrach seinen Kerker und hob ab, und die Bahnhofstrasse vermochte ihn nicht mehr zu steuern. Martin Ebner eröffnete seine eigene Bank (wie andere einen Gemüseladen aufmachen), nachdem man ihn bei Vontobel nicht ganz hatte nach oben kommen lassen. Unterstützt hatte ihn Andreas Reinhart vom Winterthurer Rohstoff-Handelshaus. Ebner gilt seither als unheimliches Alpha-Tier am Börsenring und jagt der Bahnhofstrassen-Hochfinanz gehörig das Blut in den Kopf. Martin Ebner gehört nicht zum Establishment (Vater Ebner war Retoucheur in einer

Druckerei, die Mutter stammt aus einer Viehhändlerfamilie) und ist auch nicht in der Bankiervereinigung, also nicht im Auge des Finanztaifuns. Gerne hätte man gewusst, wie sich Herr Ebner und Herr Blocher gefunden haben. Aber solche Anfragen beantwortet die BZ Bank grundsätzlich nicht.

Die Kantonsschule Wetzikon (Zürcher Oberland) hat neben Ebner noch ein weiteres Finanzgehirn ausgebildet: Kurt Schiltknecht. Zwar wurde er dort rauskomplimentiert und in ein protestantisches Internat in Graubünden versorgt. Wahrscheinlich waren der pädagogischen Umwelt seine Haare zu lang. Schiltknecht ist eine typische 68er-Haut: als Student bei den Jusos und radikal. Dann Aufstieg, aber vertikal. Und erst später, zögerlich und nur mit jedem nächsten Tritt höher in der Finanzwelt, sollten ihn seine langen Haare Zentimeter um Zentimeter verlassen. Schiltknecht wurde dann nicht Präsident der Nationalbank (nur rechte Hand des Präsidenten Leutwiler), weil er in der falschen Partei ist (Sozialdemokratie), aber er wurde Bank-Leu-Chef, was damals unter den Kleinaktionären einen Aufruhr verursacht haben soll (ein Linker als Bankenchef!). Auch der ehemalige SBG-Chef H. verliert geradezu die Fassung, wenn er daran denkt, dass dieser Schiltknecht mehrstellige Millionenbeträge herumschiebe und immer noch mit dem Maibändel herumlaufe. Wahrscheinlich wurde dem Wirtschaftsprofessor und Aufsteiger Schiltknecht das einfach zu dumm, denn auch er entstammt nicht der Krone der Gesellschaft, sondern der mittelständischen Wurzel. Bei Ebner warteten neue herausfordernde Gefahren auf ihn, nicht so langweilige Routine wie an der Bahnhofstrasse.

Christoph Blocher bleibt auch lieber ein Einzelgänger. Das war er schon als Student. Er hat zwar Ende der sechziger Jahre den konservativen Studenten-Ring mitgründen helfen, als alles gegen das Establishment war (Blocher erst zwanzig Jahre später), aber er war eher im Hintergrund tätig, sagt einer, der damals im Vordergrund tätig war: Bruno Baer, damals Vizepräsident des Studentenringes, später SVP-Mitglied. Blochers Name sei nicht unbekannt gewesen. An den «Kellersitzungen» sei er aber nicht aufgetaucht, im Gegensatz zu Stephan Schmidheiny, der sich damals exponiert habe bei ihnen trotz seinem familiären Hintergrund (Industriellen-Dynastie). Ein anderer Student (heute Professor) erinnert sich auch an Blocher: Der sei in der Mensa immer der lauteste gewesen. Und als Günter Amendt (Autor des Buches «Sexfront») damals an der Universität war, da hätten die Juristen von der Galerie her in den Lichthof herabkrakeelt und seine Rede gestört. Blocher sei nicht der Leiseste gewesen. Er wundere sich, dass das noch nie gesagt worden sei, also, dass er bereits an der Uni als Krakeelpolitiker begonnen habe.

Kehren wir dorthin zurück, wo Politik gemacht wird, zur Wirtschaft. Die ganze ökonomische Trigonometrie funktioniert um fünf Hypotenusen vertrackter, als ich das oben dargestellt habe (nur damit Sie mich richtig missverstehen). Auch Blocher nimmt sich die Freiheit, über ökonomische Dinge sehr einfach zu sprechen. Da hat er zum Beispiel im Nationalrat gesagt: *Seit es eine wirtschaftliche Tätigkeit des Menschen gibt, weiss man, dass es nie nur gute Zeiten gibt. Auch in der wirtschaftlich stark entwickelten Neuzeit tritt der biblische Zyklus der fetten und mageren Jahre auf. Zu allen Zeiten wurde daher – wie im Ägypten Josefs – danach getrachtet, in den fetten Jahren für die mageren Jahre Reserven zu bilden.* Das hat er schön gesagt. Dagegen kann nichts gesagt werden.

Wenn er es uns wirklich erklären müsste, ginge das so einfach wie in der Bibel? Tönte es dann nicht vielleicht eher so: Die Bankers Trust Int. begibt unter Führung der Bankers Trust AG 250'000 «Knock-out-Call-Warrants» auf «Genussscheine» der Roche-Holding. Der Bezugspreis beträgt 5'140 Fr., der «Knock-out-Preis» 6'220 Fr. Das Bezugsverhältnis lautet 10:1. Der Emissionspreis beläuft sich auf Fr. 61,50. Die Liberierung findet am 17. September statt. Beim Knock-out wird der «innere Wert» von 112 Fr. ausbezahlt. Bei einem inneren Wert denke ich nicht an Frankenwert, und bei Knockout kommt mir der Boxkaiser Cassius Clay in den Sinn. Und was fällt Ihnen zu Genussschein ein? Da müssen Sie Christoph Blocher fragen.

Im September 1991 lancierte die Pharma Vision AG «Pharma-Babys», die sich eignen sollen für Investoren, die in kleiner Stückelung kaufen wollen (Baby-Kapitalisten). Der Baby-Boom hat sich aus formalen Gründen verzögert, aber das Entscheidende an der Sache ist: B. ist ein populärer Politiker, bei manchen Menschen versprüht er die Aura von Fleiss, Ordnung und Stabilität, kurz: der Mann ist kreditwürdig. Und, das ist bekannt, Kreditwürdigkeit ist in der Wirtschaft das A und O, ohne geht es nicht, Geldeinlagen sind etwas sehr Intimes. Werner K. Rey hat das meisterhaft vorgemacht, er hat gemerkt, dass bereits der Schein der Kreditwürdigkeit ausreicht. Und Christoph Blocher? Er wird weiterhin im Fernsehen als Politiker auftreten, damit die Baby-Kapitalisten nicht vergessen, wie kreditwürdig er ist (ausgewachsener Kapitalist). Und im Parlament kämpft Blocher gegen ein neues Börsengesetz, das den Kauf von kontrollierenden Aktienmehrheiten erschweren würde. Zufällig sitzt er auch in der richtigen Kommission für Wirtschaft und Abgaben, wo das Gesetz zurechtgeschustert wird. Er spielt dann Robin Hood und sagt, nur ein Aktionär, der auch Eigentümer sei, der also über ein Riesenpaket verfüge (er selber), könne so auch die Interessen seiner Baby-Kapitalisten (Aktienvolk) vertreten. Das ist sozial gedacht. Aber er vergisst zu erwähnen, dass er und seine Mitverwaltungsräte es sind, die den Rahm oben abschöpfen. Und weil Leute aus der Wirtschaft manchmal ein schlechtes Gewissen haben, wollen sie ihr Tun begründen. Er tut das auch. Er geht davon aus, dass die Führer in der Wirtschaft (wie in der Politik) grundsätzlich nur Kaffee trinken und berühmt werden wollen. Er hat nämlich grundsätzlich kein Vertrauen in Verwaltungsräte.

Wer sitzt denn im Verwaltungsrat (und zwar im Ausschuss, also im Dunklen vom Auge) seiner Ems-Chemie? Im engeren Ausschuss sitzen nicht zwei Chemieexperten, sondern zwei Militärexperten: Rudolf Blocher (nicht verwandt), ein ehemaliger Korpskommandant, über den in einer Grossbank gesagt wird, er sei ein unglücklich Pensionierter, verfüge aber über eine grosse Portion an sogenannt gesundem Menschenverstand. Er habe angefangen als kaufmännischer Angestellter, sich heraufgeboxt wie sein jetziger Chef, sei zur richtigen Zeit der einzige nichtakademische Drei-Sterne-General gewesen und von seiner Ostschweizer Gefolgschaft heraufgelüpft worden (Bundesrat Furgler und FDP-Ständerat Rüesch). Ein Haudegen sei er und habe mit Brigadier Mühlemann damals die grossen Manöver gemanagt, dass es nur so geklöpft habe. Mitglied des Oerlikon-Bührle-Verwaltungsrats ist er dann auch noch geworden, schliesslich kennt er sich aus mit Kanonen. Blocher soll ihn für Spezialaufgaben einsetzen, hört man, mal hier, mal dort, damit er ihm dann Meldung mache.

Der zweite ist Dr. Oberst Felix M. Wittlin, ehemaliger Rüstungschef beim Militär und ehemaliger Personalchef bei BBC und jetzt Verwaltungsrats-Präsident bei Agie, allerdings, wie der «Tages-Anzeiger» schrieb, mit «dürftigem Leistungsausweis».

Lebte B. im Mittelalter, er wäre längstens geköpft oder gepfählt worden und schmorte in der Hölle, denn die Kirche, die damals noch etwas zu sagen hatte, verbot jede Zinsnahme. Auch Moses sagte vor zweieinhalbtausend Jahren: Du sollst von deinen Brüdern keinen Zins nehmen. Altes Testament und Neues Testament verbieten den Wucher (B. kennt doch die Bibel), und der hl. Ambrosius von Mailand (340 bis 397) predigte: Usura est plus accipere quam dare (Du kommst in die Hölle, wenn du mehr herausbekommst, als du einbezahlt hast). Jede Zinsnahme galt als Wucher. Geld galt als unfruchtbar, der Wucherer erzielte noch im Schlaf Profit, handelte mit der Zeit, und die gehörte Gott allein, das galt als Sünde gegen die Natur. Contra naturam. Deshalb verweigerte man dem Wucherer, also dem modernen Börsenhändler, ein Begräbnis in geweihter Erde.

Von Gott lassen sich Ebner und Blocher aber nicht abschrecken, höchstens vom neuen Börsengesetz. Die geplante Übernahmeregelung und die Meldepflicht könnten auch den Erfolg der «Visionen» gefährden, weil der Erwerb kontrollierender Aktienmehrheiten erschwert würde. Aktionäre, die mehr als einen Drittel der Aktienstimmen besitzen, müssten künftig für die restlichen Wertpapiere ein öffentliches Kaufangebot unterbreiten. «Das geplante Börsengesetz hat kein Vertrauen in den Markt», schreibt dazu Prof. Schiltknecht in der NZZ. Das ist richtig, es hat ein gesundes Misstrauen in den Markt, wie er selber ein gesundes Misstrauen in den Verwaltungsrat besitzt. Aber es ist immer aussichtlos, gegen die fremden Götter zu polemisieren. Das sind Glaubensfragen. Da ist es praktisch, wenn man einen Politiker in Bern hat, der sich dagegen wehrt. Und da ist es praktisch, wenn man eine Zeitung hat, wo der Börsen-Blocher gegen das neue Börsengesetz schimpfen kann (NZZ), obwohl der SVP-Blocher immer wieder betont, über keine publizistische Plattform zu verfügen. Aber wenn's um Glaubensfragen geht (zum Beispiel Geldvermehrung), wird der Rosenkranz wieder gemeinsam heruntergebetet.

Und das Risiko, das der Börsianer eingeht? Das gibt auch der heutige Ehrenpräsident und ehemalige Präsident der SBG zu bedenken. Aus dem dritten Stock des Stammhauses an der Bahnhofstrasse 45 in Zürich – wo man die Jacke nicht selber auszieht, die wird einem ausgezogen von so einer Art Türsteher, wo die roten Direktionstüren, die an Panzertüren erinnern, nur von diesem per Knopfdruck geöffnet werden können, wo sich's dann aber, sitzt man einmal drin im Leder, sehr angenhem sitzt –, da tönt es sehr besorgt. Dr. Robert Holzach weiss nicht, was Ebner umtreibe, wahrscheinlich das Risiko, möglicherweise sei er eine Spielernatur. Er vergisst den Machtmenschen, soll doch Ebner schon geäussert haben, dass er am liebsten eines Tages bei Studer (SBG-Chef) hineinmarschieren würde, um diesem mitzuteilen, er könne jetzt nach Hause gehen. Aber es kehre wieder um, meint Holzach, es müssten nur mal ein paar ganz gewaltig auf die Nase fallen. Das könne sogar sehr schnell kommen. Warum Blocher da mitmache, kann er sich nicht so recht erklären, vielleicht trage das zu seiner populistischen Wirkung bei. Ihn hat es immer verwundert, dass niemand den gewaltigen Anstieg seines Reichtums betont habe.

Fassen wir unseren Ausflug in den Handelsteil zusammen. Wenn also viele Babykapitalisten zusammenkommen und Kaffee trinken und nichts zu sagen haben, dann ist das die Generalversammlung einer Aktiengesellschaft. Wenn manchmal in Opposition gemacht wird, dann heisst das nur, dass einige das Gefühl haben, sie hätten noch etwas zu sagen. Wenn die Verwaltungsräte gleichzeitig die

Millionenverdiener sind und dem Fussvolk einbleuen, das Maul zu halten, Geld zu bringen und Vertrauen zu haben, dann handelt es sich um eine sogenannte Beteiligungsgesellschaft. Und was die Börse ist, wissen wir nun auch. Sie dient dazu, noch mehr Kaffee zu trinken als an den Generalversammlungen, dazu darf laut geschrien werden. Wenn diese Leute oder Banken umfallen, dann nennt man das einen Crash. Solche Tage werden im Kalender schwarz eingekreist. Von der Börse aus verlassen die Wertpapiere den Händler, machen sich einen schönen Tag und kehren manchmal wieder zum Händler heim. Manchmal machen sie auch länger Urlaub. Wenn er schön war, haben sie nun einen neuen Teint und mehr Wert. Das beweist, dass die Börse etwas Unnatürliches ist, denn sie verstösst gegen den Energieerhaltungssatz, der besagt: Wer eine Energie in eine andere umwandelt und nachher mehr Energie hat, der ist ein ausgemachter Schwindler.

«... welch gewaltige und herrliche Kräfte im Bauernstande ruhen»

Wir blenden nun zurück in die Geschichte der Schweizerischen Volkspartei (SVP). Und weil es unfein wäre, einer Partei, der historisches Interesse nicht abgesprochen werden kann, nur eine Lebenszeit von gut zwanzig Jahren einzuräumen (sie existiert unter diesem Namen erst seit 1971), behandeln wir auch ihre Vorgängerin, die Bauern-, Gewerbe- und Bürgerpartei (BGB). Die ist älter, aber auch schon verwitterter.

Die kantonalen Bauernparteien schlüpften alle um das Ende des Ersten Weltkriegs aus dem Ei. Die Bauern waren gut im Fleisch, sie schwammen in der Milch, die sogar gekauft wurde, sie konnten sich am Krieg gesundstossen, waren wieder wer. Der Bauer trug den Kopf wieder höher – doch wie würde es nach dem Krieg sein? Wer würde ihn vertreten? Die politische Staumauer des Freisinns schien unüberwindlich.

Es kam anders. Ein bisschen Drehen am Räderwerk des Wahlverfahrens für die Volksvertreter, und die Staumauer brach. Der Proporz wurde in Zürich 1916 eingeführt, zwei Jahre später gewannen die Bauernparteien (zusammen mit Liberalen und Demokraten) auf Anhieb 45 von 223 Kantonsratssitzen. Andere Kantone folgten: Bern, Schaffhausen, Aargau, Thurgau, Basel-Land. Sie sind der SVP, was die Habsburg den Habsburgern, das Stammland, es sind die protestantischen deutschsprachigen Mittellandgebiete. Wie traditionell diese Partei ist, zeigt sich daran, dass noch im Juni 1993 die welschen Kantonalparteien der SVP fordern müssen, dass der eigene Pressedienst auch auf französisch erscheint (was er bisher nur auf deutsch tat). 1918 wurde der Proporz auf Bundesebene eingeführt, ein Jahr später holten sich die Bauern im Nationalrat gleich 26 von 189 Sitzen, davon stammten 16 aus dem Kanton Bern. Zürich ist die älteste, Bern aber die mächtigste Kantonalpartei der SVP. Die Berner stellen bis heute den SVP-Bundesrat (Ausnahme: das Zwischenspiel des Bündners Schlumpf). 1929 erhielten sie einen der sieben Bundesthrone als Geschenk der bürgerlichen Parteien für ihre Vaterlandstreue und vor allem für ihre gemeinsame Abneigung gegen die Sozis. Der Generalstreik von 1918 steckte den Bürgerlichen immer noch in den Knochen. (Die Sozialdemokraten erhielten erst 1943 einen Bundesrat.)

Die Berner Bauernpartei nannte sich von Anfang an «Bauern- und Bürgerpartei». Auch die Fraktion nannte sich schon 1919 «Bauern-, Gewerbe- und Bürgerfraktion». Aber gesamteidgenössisch fusionieren mochten die Kantonalparteien der BGB erst 1936, einzelne sogar erst in den vierziger und fünfziger Jahren (Zürich erst 1951). Das mag uns jetzt konfusionieren, aber dass da jede Kantonalpartei ihren eigenen Stall führt, das gefällt Blocher sehr, denn er kann sich dann auf diese Tradition berufen, wenn er von Zürich aus der Gesamtpartei wieder einmal eine Kinderüberraschung ins Nest gelegt hat – was ihr mancherlei Verdruss und Ungemach bereitet.

Eine Partei ist, wenn man sich zusammenrauft. Es gibt verschiedene Arten von Parteien: Klassenparteien, Volksparteien, Führerparteien, Glaubensparteien, Bierparteien und Autoparteien. Die SVP ist eine Mittelstandspartei, sie war nie eine reinrassige Bauernpartei. Weil man sich gegen die oben (die allzu Reichen) und gegen die unten (die allzu Armen) abgrenzen wollte, entdeckte man den Mittelstand. Und diesen Stand vertritt die Partei noch heute (sagt zumindest ihr Programm).

Wir müssen uns dieses Wort kurz vornehmen. Mittelstand – was ist das? Deutschland hat es hervorgebracht, so um die Mitte des 18. Jahrhunderts. Die deutsche Übersetzung von Daniel Defoes «Robinson Crusoe» (1721) hat wesentlich zur Verbreitung dieses Wortes beigetragen. «Middle state» meinte bei ihm «the most suited to human happiness» (da frei von den Gefahren des Reichtums und der Arbeit): Der Mittelstand sei ein glücklicher Stand. Pestalozzi nannte ihn den «Kern des Landes». Marx entkernte ihn wieder und stellte ihn vor die Tür, er spielt für die Revolution keine Rolle, sondern fällt früher oder später ins Proletariat ab, von dem ja bekanntlich die Revolution ausgeht, irgendwann. Marx hat sich aber getäuscht, der Mittelstand blieb quicklebendig. Wer sich zum Mittelstand zählte, tat dies vor allem deswegen, weil er nicht mit einer bestimmten andern Schicht verwechselt werden wollte: dem Proleten, dem Proletarier, dem Büezer, dem Arbeiter. Der Mittelständler schnabulierte echtes Kotelett, nicht Proletenkotelett (Cervelat). Ernst Laur, der bärtige Bauernpolitiker, hat das Wort «Mittelstand» in die Schweiz importiert. Die Nazis machten es zu einem Agitationsschlagwort. Zwischen 1929 und 1933 liefen vor allem die mittelständischen Massen der NSDAP zu. In der Nachkriegszeit wird der Begriff immer ungriffiger, die Arbeiter kriegen jetzt auch ihr Auto (und ihre Autobahn), ein Sechszylinder hat auch Klasse, und was ist dagegen schon die Marxsche Klasse.

Wann ist eine Partei sehr konservativ? Wenn ihr Programm über sechzig Jahre lang dasselbe bleibt. Zum Beispiel die BGB 1918: Sie verstand sich und den Mittelstand als Schutzwall gegen Vermassung und Grossstadt. Ihr Programm war vaterländisch getrimmt, politische und wirtschaftliche Unabhängigkeit des Landes waren selbstverständlich, das private Eigentum und den freien Wettbewerb galt es zu schützen (allerdings war man nicht grundsätzlich gegen das Eingreifen des Staats, da man diesen zur Stärkung der Landwirtschaft noch brauchte), man war gegen alle kommunistischen Theorien, für ein schlagfähiges Volksheer, für die bessere Sicherung des Landes gegen Überfremdung, für die Förderung inländischer Produktion und Arbeit. 1979 fügte Blocher am SVP-Parteijubiläum hinzu: *Schutz für die wirklich Schwachen, aber eine harte Hand für «Nachlässige und Faulenzer»*.

Wer sich mit Schweizer Geschichte abgibt, müsste auf die Frage, ob es eine Konstante darin gäbe, antworten: Die Schweiz ist klein. Nicht nur geographisch, sondern auch familiengeographisch. Politik als Familienangelegenheit, ein politisches Amt wird vererbt wie ein Kartoffelacker. Die oben sind, im Gebirge, da wird die Luft sehr dünn, weil immer die gleichen Namen oben sind, es findet kein Luftaustausch statt, und das ist bekanntlich schlecht für die Hirn- und sonstige Durchblutung. Das gilt nicht nur für die Textil- und

Militäraristokraten, die Bauernaristokratie ist auch voller Familien: In Bern haben wir die Gnägi, in Zürich die Reichling, Bertschinger und Oehninger.

Vater Gottfried Gnägi (1878 bis 1939) war Bauer und gründete zusammen mit Rudolf Minger, dem späteren Bundesrat, die bernische BGB. Gnägi junior, der später Bundesrat wurde, war Bauernsohn, durfte aber ins Gymnasium, sein Vater muss Besonderes mit ihm im Sinn gehabt haben. Es folgte eine klassische Karriere made in Switzerland: Bieler Kadetten (Abt.chef), Studium der Rechte, Studentenverbindung «Concordia», Offizier der Artillerie, Parteisekretär, Regierungsrat, Nationalrat und Bundesrat.

Die Zürcher Dynastie bäuerlicher Spitzenpolitiker ernährte sich selbst aus den drei Grossbauernfamilien Oehninger (Adlikon bei Andelfingen), Bertschinger (besitzt seit 1784 einen Hof in Oberwil Pfäffikon) und Reichling (Stäfa): Jakob Oehninger war Landwirt, seit 1922 Nationalrat und sass im Vorstand des Schweizerischen Bauernverbandes (SBV), der Schaltzentrale der Bauernlobby. Sein Sohn, Jakob Oehninger II, gehörte in den dreissiger Jahren zur Elite der landwirtschaftlichen Interessenvertreter wie sein Vater (Verband nordostschweizerischer Käserei- und Milchgenossenschaften).

Hauptmann und Bauer Heinrich Bertschinger war ab 1902 fast zwanzig Jahre lang im Vorstand des SBV. Sein Sohn, Carl Bertschinger, durfte Agronomie studieren am Poly. Dann wurde er Direktor der Maggi-Gutsbetriebe und Nationalrat, was er fast zwanzig Jahre lang blieb. Ab 1940 sass auch er, wie sein Vater, im SBV-Vorstand. Sein Sohn, Carl Bertschinger II, rutschte 1971 als SVP-Vertreter in den Zürcher Kantonsrat.

Auch die Reichling sind angenehm wattiert. Rudolf Reichling, Bauer, sass ab 1908 fünfzehn Jahre lang im Zürcher Kantonsrat, war sogar Präsident. Rudolf Reichling II, Bauernsohn, sass vierunddreissig Jahre lang im Vorstand des Bauernverbandes (von 1949 bis 1961 als Präsident), war BGB-Nationalrat und damit einer der einflussreichsten Landwirtschaftsvertreter in der Schweiz. Natürlich leitete er auch die Zürcher Bauernpartei, und zwar achtzehn Jahre lang. Im Militär war er Oberst (Trainchef). Er studierte Landwirtschaft an der

ETH wie sein Cousin Carl Bertschinger II, dessen Mutter eine Reichling war. Familienverbandelt ist er auch mit dem Oehninger-Hof, seine Frau ist die einzige Tochter des Oehninger Jakob, Rudolf II ist also sein Schwiegersohn. Ein Reichling als Bertschinger-Cousin und Oehninger-Schwiegersohn – ein altes Rezept, man heiratet ein bisschen übers Kreuz, das stärkt das Selbstbewusstsein ungemein und hat den Vorteil, dass man unter sich bleibt.

Rudolf Reichling III, Sohn von Rudolf Reichling II, wurde auch Agronom ETH, 1971 bis 1979 sass er im Zürcher Kantonsrat. Katapultiert sich noch in den Nationalrat (Präsident), in den leitenden Ausschuss des Bauernverbandes, des Militärs (Oberst) und der Industrie (Verwaltungsrat bei der Firma Bührle; der Kanonenfabrikant und er waren schon vorher Kollegen, nämlich Ruderkollegen).

Was wir daraus lernen: Der Schweizerische Bauernverband scheint das Nervenzentrum der Bauernlobby gewesen zu sein, und ihr Grosshirn war Ernst Laur (1871 bis 1964), Sohn von in die Schweiz eingewanderten Deutschen, Repräsentant der sich um 1900 in der Schweiz neu formierenden Rechten. Laur ist ein politischer Dinosaurier. Warum kommen wir an ihm nicht vorbei? Weil dieser Ernst Laur über das Bauernsekretariat in Brugg (eine vom Bauernverband eingesetzte und vom Bund subventionierte Institution) lobbyiert bei Bundesrat und Verwaltung, und das macht ihn zu einem der einflussreichsten Politiker der Schweiz im 20. Jahrhundert. Er ist ja auch Professor an der ETH, dem Schweizer Bauern-Oxford, da studieren die jungen Grossbauernsöhne und künftigen Landwirtschaftsspitzenvertreter, also auch die späteren BGB-Leute. Die sitzen dann später in der Aufsichtskommission der Landwirtschaftlichen Schule Strickhof in Zürich, dem zweiten bäuerlichen Kommunikationszentrum (die Familie Bertschinger von 1882 bis 1950, die Familie Oehninger von 1919 bis 1966). Jetzt können Sie sagen: Aber der ist doch Sekretär des Bauernverbandes (1897 bis 1939), und das ist doch etwas ganz anderes als die Bauernpartei. Das stimmt. Er ist sogar gegen die Bauernparteien, weil er denkt, dass die Bauern da kaum unter einem Dach zu vereinigen wären. Es gibt ja auch katholische und protestantische Bauern, Welsche und

Deutschschweizer, Klein- und Grossbauern, kapitalistisch orientierte, aber auch die Malocher, die keine Zeit haben zum Studieren und zum Politisieren.

Laur träumt vom vereinigten Landvolk, die Stadt ist ihm ein wuchernder Tumor; Jazz, Sport, Luxus, die Industrie, die Grossstadt, die Warenhäuser: beim Wotan! Laur ist ein Missionar: «Wir glauben, dass ein Volk ohne Bauernstand physisch, geistig und moralisch zurückgehen muss» und weist immer wieder darauf hin, «welch gewaltige und herrliche Kräfte im Bauernstande ruhen und wie das Blut, das durch Vererbung und durch Wanderung der Bewohner vom Lande zur Stadt fliesst, zum Träger und zur Voraussetzung für die körperliche, geistige und sittliche Wohlfahrt und Entwicklung der Völker wird».

Man muss sich vorstellen, dass Laur seinen Studenten nicht nur etwas über «Stallmist, Jauche und Kompost» (Titel seines ersten Buches) und über «Bau und Leben der landwirtschaftlichen Haussäugetiere» beibringt, sondern sie auch ein wenig über die erdige Kraft des Bauerntums aufklärt. Zum Beispiel so: «Unter den grossen Agrariern Italiens, die ich persönlich kennenlernte, darf ich auch Benito Mussolini nennen. Er hat die Erhaltung des Bauernstandes in den Mittelpunkt seines Wirkens für die Wohlfahrt Italiens gestellt. In vielen öffentlichen Gebäuden von Italien ist das Wort des Duce in grossen Lettern angebracht worden: ‹Ruralizziamo l'Italia›. (...) Wie Hitler, so betrachtet auch Mussolini den Bauern als Lebensquell eines Volkes. Wir haben in der Schweiz diese Ansicht schon während Jahrzehnten vertreten, bevor es weder ein faschistisches Italien noch einen Nationalsozialismus gegeben hat.» Das schreibt er in seinen 1942 herausgegebenen Memoiren. Die Erhaltung des Bauernstandes ist ihm wichtiger als die Erhaltung der Demokratie. In der Neuauflage von 1971 sind solche Stellen nicht mehr zu finden.

Laur, der Bauernkönig, ist nicht nur einflussreich (kennt General Wille persönlich), sondern auch reich an militanter Phantasie. Die Leichen des Ersten Weltkrieges sind noch am Dampfen, und er verkündet: «Wer will leugnen, dass wir im Kriege um so mehr sittliche Kräfte finden, je mehr wir uns der Front nähern, wo schliesslich

Millionen Männer stehen, welche bereit sind, für das Wohl des Vaterlandes und der Familie sich selbst hinzugeben. Pflichtbewusstsein, Treue, Kraft in der Ertragung von Schmerz und Ungemach, Hülfsbereitschaft und Opferwilligkeit waren wohl seit langem nicht mehr in dem Masse bei den Kulturvölkern zu finden, wie in diesen Tagen. (...) Die Zukunft wird wahrscheinlich lehren, dass die Völker, welche durch diese Schule von Blut und Eisen hindurchgegangen sind, eine geistig-sittliche Erneuerung mitgemacht haben und andern Völkern die Erhaltung des Friedens vielleicht zum sittlichen Verhängnis geworden ist.» Wo hat er das bloss her, diesen preussischen Kasernenton? Hat er in Leipzig an der Universität neben landwirtschaftlichen auch ein wenig völkische Schriften studiert? Und diese Kriegsbegeisterung? War er ein bisschen zu oft mit dem General im Hotel Bellevue?

«Das Leben ist ein Kampf. Mensch sein heisst Kämpfer sein» ist seine Devise. Hat er im Buch «Mein Kampf» geschmökert? 1933 (Hitler war schon an der Macht) sagte er vor dem Bauernverband, es müsse geprüft werden, ob nicht die Demokratie «den neuen Verhältnissen angepasst werden muss». «In Zeiten grosser Gefahr dürfen Referendum und Parlament kein Hindernis sein, um rasch die notwendigen Massnahmen zu treffen.» Auch auf die «Führerfrage» kam er zu sprechen. «Wir dürfen auch nicht übersehen, dass die politische Organisation und die Konzentration der Macht in den Händen eines Mannes für die Überwindung der Krisis grosse Vorzüge besitzt. Vieles, was wir mühsam erkämpfen müssen oder was bei uns am Widerstand der Partei-Interessen scheitert, das wird dort oft spielend erledigt.» Da hat er ja recht, es ginge auch flotter und unbürokratischer, aber auch ein bisschen undemokratischer. Ich frage mich nur, warum man eine solch einflussreiche Kriegsgurgel, einen solchen Bewunderer des Führers als Staatsbeamten (Professor) nicht sofort abservierte.

Und der Bauer? Der Bauer hat keine Zeit zum Politisieren und zum Führen, er führt höchstens den Mist aufs Feld; der Politiker hängt seine Rede auf am gesunden Nährstand und am Fundament der Nation, und der Bauer, der hängt vom Milchpreis ab; der Politiker zeugt Mythen, der Bauer Kinder, um Knechte zu sparen.

Auch Blocher braucht die Bauern, nicht nur ihre Stimmen, auch ihren Beruf, oder genauer: die Aura ihres Berufs. Laur pflanzte mit Erfolg die Vorstellung, dass wir Schweizer zuallerinnerst Bauern seien, daher Laurs Verteufelung alles Städtischen. Diese Vorstellung von der Schweiz als einem agrarischen Staat schlummert so stark, dass sie bis heute abrufbar geblieben ist. Die Abstimmung über den EWR förderte ja nicht nur den Riss zwischen der welschen und der deutschen Schweiz zutage, sondern auch den zwischen Stadt und Land. Blocher zitiert gern aus der Geschichte, aber seinen bauernpolitischen Ziehvater (und immerhin den wichtigsten Bauernpolitiker) vergisst er immer. Das ist schade, denn es gibt da ein paar Gemeinsamkeiten. Beide, Blocher wie Laur, sind Repräsentanten einer sich neu formierenden Rechten. Laur war damals der entscheidende Mann, wenn es um Bauernfragen ging, und einflussreicher als die Bauernparteien selber. Und hier hat ihm Blocher wohl abgeschaut: Auch er greift lieber von ausserhalb des Parlaments an, weil das zackiger geht. Denn mit dem Referendum zu drohen, das hat schon Laur gemerkt, ist viel wirkungsvoller, als im Parlament lang zu diskutieren. Beide kämpfen für konservative Werte wie Autorität und Opferbereitschaft, Vaterland und Familie. Beide werden von nicht wenigen Menschen bewundert, weil sie sogenannte Führung ausstrahlen. Beide sind politische Missionare und verachten die parlamentarische Demokratie. Ebenso die Akademiker und die Intellektuellen, die ihrer Ansicht nach vor lauter Fräglerei und Förschlerei vergessen haben, wo das Rütli ist – obwohl sie selber studiert haben. Beide gurgeln sie 365 Tage ihr 1.-August-Wässerchen. Vielleicht kommt das daher, dass die Familie Laur wie die Familie Blocher aus Deutschland eingewandert ist. Sie sind sozusagen überassimiliert.

Von der Bauern- zur Blocherpartei

Die Zürcher SVP wird heute nicht mehr von Bauern, sondern von zwei millionärrischen Politikern regiert, einem Industriellen und einem Unternehmer. Industrielle machen ein Prozent der SVP-Parteiaktiven aus, es ist also nicht abwegig zu vermuten, dass sie, wenn sie mitmachen, oben mitmachen: Christoph Blocher (Kantonalparteipräsident) und Walter Frey (Stadtparteipräsident). Walter Frey wohnt auf dem Gipfel des Reichtums, mit seinen sechs- bis siebenhundert Millionen Vermögen (geschätzt) ist er der reichste Parlamentarier. B. ist mit seinen fünf- bis sechshundert Millionen (geschätzt) der zweitreichste, dafür verfügt er über ein gewaltiges Sympathiekapital, er ist das, was die Soziologen einen Aufsteiger nennen.

Walter Frey ist kein Bauernpolitiker, dafür ein Autopolitiker, besonders im Nationalrat (seit 1987, nachdem er 1983 trotz protzigem Inserate-Aufwand nicht gewählt wurde). Er wurde erst im reifen Alter von fünfunddreissig Jahren politisch aktiviert, wie er selber sagt. «Doch fehlt es uns im Moment am zündenden Leitthema», hat er 1985 verraten – was Wunder, hat er doch in den Jahren vorher erst noch militärisch aktiviert werden (Hauptmann) und nebenbei noch die Firma seines Vaters erben müssen (zweitgrösste Automobilhandelsfirma der Schweiz). Schon während der Studienzeit hat er sein Sackgeld aufgebessert und seinem Vater als Autoverkäufer ausgeholfen, hat dann mit dreiundzwanzig die neue Firma seines Vaters leiten dürfen (Toyota AG Schweiz), sein «Gesellenstück», wie er sich ausdrückt. Drei Jahre später hat er die Firma ganz geerbt.

Walter Frey träumt davon, einmal einen Bauernhof zu führen. Sein Hobby ist die Hochwildjagd. Man bevorzugt Hirsche. Diese Leidenschaft teilt er mit seinem Neffen Philipp Rhomberg (24), der bereits bei der Jungen SVP Zürich mittut. Rhomberg ist Panzergrenadierleutnant, die Jagd nach der Ökonomie-Zwischenprüfung an der Uni hat er abgeblasen, nachdem er bereits zweimal erfolglos angegriffen hatte. Er ist jetzt Autoverkäufer.

Blocher muss keine Angst haben, dass ihm in der eigenen Zürcher Partei einer in die Sonne steht, seinen Kämpen passieren zu viele Fehler. SVP-Kantonsrat Eugen Kägi zum Beispiel sammelte Verwaltungsratsmandate, das wäre ja noch legitim, aber dass er im Verwaltungsrat einer Zürcher Firma sass, die in einen der grössten Drogen-Schmuggelfälle der Schweizer Geschichte verstrickt war (hundert Kilo Kokain aus Brasilien), ging dann doch zu weit. Der Anführer der Schmugglerbande musste für siebzehn Jahre ins Zuchthaus eintreten, Kägi musste zurücktreten.

Der ehemalige Zürcher SVP-Stadtrat Kurt Egloff liebt Automobile, und die sind dazu da, dass man sie fährt, und zwar schnell. Er raste in eine Busse von tausend Franken und drei Monate Fahrausweisentzug hinein. Nachdem er 1990 noch amtsgeheime Pläne der Bau- und Zonenordnung der Privatwirtschaft zugespielt haben soll, verzichtete er auf eine weitere Kandidatur.

Alt-SVP-Regierungsrat und -Ständerat Jakob Stucki kam 1986 ins Gerede, weil er von seinem Jagdkameraden, dem kantonalen Jagdverwalter, prüfungsfrei einen Jagdpass bekam (scheint in Zürich ein Parteisport zu sein). Ex-SVP-Kantons- und Gemeinderat Werner Stoller, der 1992 gemäss Magazin des «Tages-Anzeiger» Personalbögen der Erziehungsdirektion gestohlen und sie zu Fichen von VPM-Mitgliedern umfunktioniert haben soll, schwärmt auch für Waffen und trug sie gelegentlich im Kantonsratssaal.

Die SVP hatte einst den schönen, weil farbigen Slogan: «Wir waren schon grün, als andere noch rot waren.» Erich S., in den siebziger Jahren mit Blocher im Kantonsrat der SVP, sagt dazu, er habe sich aus der aktiven Politik zurückgezogen, weil er ausserhalb seine Sachen (Umweltschutz) besser durchziehen könne. Grüne Politiker wollte Blocher offenbar nicht in Bern haben. Das bekam auch ein SVP-Jungstar zu spüren, der sich ein bisschen zu intensiv mit dem Vogelschutz befasste und dreimal nur Ersatzkandidat auf der Nationalratsliste war. Ein Bio-Bauer verliess 1991 die SVP und wechselte zur EVP.

Robert Wolfer, ehemaliger Parteipräsident der SVP der Stadt Zürich, ist 1987 aus der Partei ausgetreten. Nicht wegen Blocher, wie er sagt, er sei bürgerlich-liberal, da sei er in der falschen Partei gewesen. Blocher habe ihm damals nahegelegt, sein Amt als Parteipräsident abzulegen, er bringe zuwenig Geld in die Kasse, und da habe er auch recht gehabt. Wolfer glaubte noch an einen Demokratisierungsprozess in der Stadtpartei, das habe B. wohl auch nicht zugesagt. Ob die Partei nach rechts gerutscht sei? Bei Drogen, meint er, liege es nicht drin, dass da eine Partei noch Kapital drausschlage.

Zum Beispiel so: «Wie schütze ich mich vor der Drogenszene im Quartier? Tips für betroffene Bürger.» Die Einladungen für diesen Senioren-Nachmittag sind unübersehbar in der Presse plaziert, gleich an zwei Tagen, doppelt genäht hält besser, und die Senioren strömen dann auch herbei, Kaffee und Nusskuchen (gratis) stehen bereit für den Verzehr. Diesmal lockt sogar das Thema, hundertsiebzig Seniorinnen und Senioren werden es schon sein, mehr Frauen als Männer, der Zunftsaal ist voll, zuerst werden die frischen Kuchen niedergestochen, der Bäcker holt sofort Nachschub, die zwei krawattierten SVP-Jungstars sind wohl selber überrascht ob solchem Andrang, sind auch noch jung, erst seit kurzem der Universität entschlüpft und schon in der Partei, müssen sich jetzt in Basisarbeit hochdienern: Gehen Sie nachts nicht nach draussen! Verkrampfen Sie sich nicht bei einem Angriff! Und tragen Sie kein Geld und keinen Schmuck auf sich! Die Fragerunde ist dann auch das Interessanteste, die Debatte jetzt aggressiv und die Votanten vorzugsweise männlich. Einer fordert die «Todesstrafe» für Drogenhändler, ein anderer fordert die «Internierung» von solchen «Kerlen», einer möchte sie am liebsten dorthin schicken, wo wir sie nicht mehr sehen, die «Drögeler», auf den Mond, und seine Frau dürfe ihr Goldketteli schliesslich nur noch im Banksafe anschauen, so weit seien wir schon.

Für Sicherheitsfragen hat die Zürcher SVP einen kompetenten Politiker: Nationalrat Werner Vetterli. Der wollte 1991 zwar Ständerat werden wie Blocher, es hat ihm aber auch nicht gereicht. Trotz der originellen Idee seiner Reklamiker, ihn als «politisch ‹unbeleckt› zu preisen. Dafür ist er Nationalrat geworden. Nationalrat Vetterli weiss, wie man Kriminelle und Räuber fängt, das hat er im «Aktenzeichen XY» zur Genüge bewiesen. Es gibt Kritiker, die warfen ihm vor, politisch doch sehr unbeleckt zu sein. Aber immerhin hat er Zähigkeit bewiesen (zwanzig Schweizer Meisterschaften im Fünfkampf, Wintermehrkampf und Schwimmen). Und pünktlich ist er auch. Das hat er von seinem Vater geerbt, der war Stationswärter bei den SBB.

Blocher ist ein politischer Senkrechtstarter: 1972 Eintritt in die Partei in Meilen und 1974 Gemeinderat, 1975 Kantonsrat, 1977 Präsident der Kantonalpartei Zürich und 1979 Nationalrat. Wie hat er das gemacht? Hans Frei, ein ehemaliger Kantonsrats- und Parteileitungskollege, erinnert sich an die erste Begegnung mit Blocher. Schon damals «hat das Gespann Reichling/Blocher bestens funktioniert. Sie wohnten ja nicht nur politisch, sondern auch geographisch nebeneinander. Ruedi hat ihn gekannt und ihn geholt als Sprechorgan.» Blocher gewissermassen als Lautsprecher. (Ruedi ist Rudolf Reichling III, damals der grosse Mann in der Zürcher SVP.) Im Rat sei B. schon früh aufgefallen, die Linken seien seine Prügelknaben gewesen. «Mit seinen Attacken gegen die Linken hat er sich Gehör verschafft.» So habe er sich einen Namen gemacht (damals noch ab Blatt gelesen). Aber er mache die Partei kaputt und sauge ihr junges frisches Blut ab. «Langsam wird aus der Volks- eine Blocherpartei. Blocher hat von Anfang an eine Auswahl betrieben, die nur auf seine Person zugeschnitten ist. Das ist nicht gut. Denn irgendwann schmeisst er den Bettel hin, dann steht die Partei da wie der zahnlose Tiger, der mit Leichtigkeit zu zerfleischen ist.»

Im Zürcher Kantonsrat wurde B. schnell der dicke Manitu seiner Fraktion. Irgendwann habe er dem Ruedi die Show gestohlen, der habe sich dann ein bisschen zurückgezogen und auf bäuerliche Politik spezialisiert. Wer für Ausgleich war, der sei restlos am kürzeren Hebel gewesen und zurückgebunden worden. Frei weiss noch heute nicht, was schlimmer ist: B. oder seine «Lakaien», wie er sich ausdrückt. Beides habe ihm gehörig das Blut in den Kopf getrieben. «In der Partei grenzte er alle Ausgleichsverdächtigen systematisch aus. Damit hat er eine Hörigkeit geschaffen, vor der mir graut hat. Nach und nach sind die stets gut besuchten Delegiertenversammlungen mehrheitlich von Leuten besucht worden, die Blocher wie einem Konzertdirigenten schon beim Auftritt kräftig applaudierten. Da hat es Parteigänger gehabt, die so kräftig geklatscht haben, dass ihnen die Hände weh getan haben.»

Historiker wissen: Quellen haben einen begrenzten Aussagewert. Man muss sich immer fragen: Was kann die Quelle aussagen und was nicht, aus welcher Zeit stammt sie? Wofür ergreift sie Partei? Wer mit lebenden Quellen zu tun hat, muss das auch. Und wer mit Blocher-Opfern redet, im besonderen. Ich habe gestaunt: Die SVP-Informanten denunzieren ihn nicht, sie bleiben fair. Sie sorgen sich um die Partei.

Blocher habe nicht nur die Blasmusik eingeführt in der Partei und die kritischeren Leute abgeführt, sondern auch die Gewohnheit, nicht über Geld zu reden. Seit er dabei sei, sei Geld kein Thema mehr. Das Geld, das werde gebracht. Wenn mich das Geld interessiere, dann müsse ich mal das «Kuratorium Blau/Weiss» kontaktieren. Hans Frei sagt, dass er seine Karriere schon von Anfang «verchachlet» habe, weil er diesem Club nicht beigetreten sei. Er sei zwar mehrmals angefragt worden, doch das sei für ihn ein Club Ausgewählter, so eine Art Geheimloge, die nicht seinem Geschmack entsprochen habe. Er sei nicht der Typ dazu, sei Bauer.

Die Parteifinanzen sind das dunkelste Kapitel der Parteigeschichte, aber das interessanteste. Parteimäzene bleiben in aller Regel im verborgenen, das können sein: Multimillionäre, Kanonenfabrikanten, Autohändler, Gartenbaukönige, echte Könige, Börsenfürsten, Bankherzoge. Der Präsident einer bürgerlichen Bundesratspartei, befragt über die Herkunft der Parteigelder, antwortete neulich, er habe nicht die Absicht, «einen Striptease zur Parteifinanzierung zu machen». Dieses aus der Entkleidungskunst geborgte Wort ist kein Ausrutscher, Geld ist eine intime Angelegenheit, die Parteien haben ein erotisches Verhältnis dazu. Über die Parteikasse zu reden, das kann er sich nur vorstellen als Akt öffentlicher Entblössung.

Blocher hat seine Zürcher Schaluppe geschickt an die Spitze des Erfolgs gelotst, seit man nicht mehr nur über Landwirtschaft und Landesverteidigung redet, sondern auch über Drogen und Asylanten. Der Wahlkampf von 1991 konzentrierte sich voll auf diese beiden Themen. Mit Erfolg. Seit Herbst 1991 schickt sie mit über zwanzig Prozent Wähleranteil acht Nationalräte nach Bern. Damit ist sie stärkste Zürcher Partei geworden und gleichstark wie die Berner SVP.

Blocher, der personifizierte Erfolg? Nicht ganz. Die Majorzwahlen (wo auch Stimmen ausserhalb des eigenen Lagers nötig sind) wurden zum Little Big Horn: 1987 scheiterte Blocher als Ständeratskandidat gegen Monika Weber. Der Fernsehvulkan Werner Vetterli konnte vier Jahre später den Sitz nicht zurückholen. Mit Ueli Maurer als Regierungsratskandidat verlor die Zürcher SVP 1991 ihren zweiten Regierungsratssitz. Hans Frei sagt: «Das ist weder für die Mitglieder der Fraktion noch für diejenigen der Partei ein Thema. Darüber zu sprechen lohnt sich nicht. Denn jeder weiss, dass auch für die Personalpolitik nur einer zuständig ist.»

Blochers Partei weiss nicht mehr so recht, ob sie auf zwei oder vier Beinen gehen soll. Wer wählt eigentlich diese Partei? Wie weit her ist es mit ihr als Bauernpartei? Sie hat da nämlich ein Problem: Als die Bauernparteien gegründet wurden, gab es noch Bauern (1920: 26 Prozent aller Erwerbstätigen), heute fast keine mehr (1991: 4,5 Prozent). Ein Drittel der SVP-Parteiaktiven sind Bauern. B. braucht sie noch, sie halten den Laden zusammen, draussen auf dem Land, jedes fünfte Gemeindepräsidium in der Schweiz wird von der SVP bestallt.

Die Nationalratswahlen von 1975 waren für die Gesamtpartei unerfreulich, der Wähleranteil sank unter zehn Prozent. Das gilt als kritische Grösse für die Beteiligung am Bundesrat. Seither sind die Netze, die sie aufwirft, grobmaschiger geworden.

Ulrich Schlüer, einst Sekretär von Schwarzenbachs Republikanern und Herausgeber der «Schweizerzeit» (Nachfolgeblatt von James Schwarzenbachs «Republikaner»), wechselte in den siebziger Jahren zur SVP und arbeitet heute eng mit Blocher zusammen. Ein SVP-

Bezirkspräsident war 1985 gleichzeitig Vorstandsmitglied der neuen Autopartei. 1989 duldete die SVP, laut «WochenZeitung», einen «rechtsextremen Asylpolitiker» in ihren Reihen (Jungnazi-Gruppe); erst im Sommer 1990 wurde er aus der Partei ausgeschlossen. Im Sommer 1991 schlossen sich zwei NA-Gemeinderäte der SVP an. «Wer mit Alt- und Jungnazis diskutiert, hört keinen Politikernamen so häufig wie jenen des Grossunternehmers und Zürcher SVP-Politikers Blocher», schreibt der beste Kenner der rechtseidgenössischen Ecke.

Im Januar 1993 grenzt sich die Berner SVP vom «Rechtspopulismus» ab (ihre Delegierten hatten den EWR knapp angenommen) und verlangt dies auch von der Gesamtpartei. Ist das die Öffnung der Partei seit Mitte der siebziger Jahre, die vom damaligen Präsidenten Hofmann eingeläutet werden sollte, nachdem die SVP 1975 an den eidgenössischen Wahlen das schlechteste Ergebnis aller Zeiten erzielt hatte?

Auch der Präsident der Berner SVP, Nationalrat Albrecht Rychen, weiss jetzt, was es heisst, gegen den Zürcher Präsidenten Farbe zu bekennen. Die Berner SVP hatte sich knapp für den EWR ausgesprochen, und ihr Präsident wagte es sogar, nach dem Urnengang ein europafreundliches Papier zu veröffentlichen. Einigen Parteigängern gefiel das nicht, sie gründeten, was in solchen Fällen gegründet wird, ein Komitee («gegen den Zerfall unserer Demokratie sowie gegen den Missbrauch und die Missachtung der Volksrechte») und forderten Abbitte. Sonst Rücktritt. Wir wissen nicht, wie der Präsident sich damals gefühlt hat, zu Christoph Blocher wolle er sich aber nicht einmal fernmündlich äussern, lieber nicht.

Blocher ist ein schneller Brüter. Immer wieder setzt er die Gesamtpartei von Zürich aus in Zug- und Brutzwang, indem er zum Beispiel ohne Absprache mit der Gesamtpartei eine Asylinitiative lanciert oder frühzeitig seine EWR-Parole bekanntgibt. Im September 1985 kommt das neue Eherecht zur Abstimmung. Fraktion und Parteileitung befürworten es, Präsident des Referendumskomitees ist Christoph Blocher. 1989 fordert er, falls die Sozialdemokraten die Armeeabschaffungs-Initiative nicht ablehnten, die beiden roten Bundesratsköpfe. Solche Hals-und-Kopf-Abschneidereien sind delikat, sie sollten wenigstens mit der Gesamtpartei abgesprochen werden. Für Blocher ist das kein Problem, er beruft sich auf die Autonomie der Kantonalparteien (Achtung: historisch!). Kein Problem, wenn man einen so netten Bundesrat hat wie Adolf Ogi, der auf die Frage, wie es mit dem Verhältnis zu Christoph Blocher denn so stehe, zur Antwort gibt: «Gut. Wir haben keine Probleme. Ab und zu gibt es politische Auseinandersetzungen, doch wir finden uns wieder. Wir sind gleich alt, fahren das gleiche Auto und mögen einander gut.» («Schaffhauser Nachrichten»)

Die gesamtschweizerische SVP kommt nicht darum herum, sich immer wieder mit ihrer Zürcher Kantonalpartei zu beschäftigen. Im Januar 1993 grenzen sich die Berner ab gegen den Zürcher Rechtspopulismus, ein Jahr später geht die Partei nochmals in Klausur, das Verhältnis der Kantonalparteien zur Mutterpartei soll geklärt werden, die Waadtländer Sektion ist nicht mehr bereit, die populistischen und fremdenfeindlichen Verdrehungen der Zürcher zu dulden. Das Problem ist: Die Zürcher SVP hat sich unter Blocher von einer Bauern- zu einer modernen rechten Protestpartei entwickelt. In den siebziger Jahren sei das noch nicht so gewesen, erinnert sich der ehemalige Zürcher Kantonsrat Ulrich Bremi (FDP), da habe die Partei noch eine klare Landwirtschafts- und Gewerbelinie gehabt, und da habe es auch noch diese BGB-Archetypen gegeben, wie er sie nennt. Heute werden nur noch einige wenige Themen (Drogen, Kriminalität, Asyl) verfochten, diese aber mit um so schärferer Propaganda.

Teil 2

Ist Blocher ein Rechtspopulist?

> Liebs Publikum, Ihr miend nit verschregge
> wenn Ihr links vo Eych diend e Nätte entdegge
> e grosse Schregge söttet Ihr aber yberkoh,
> sött rächts vo Eych numme no dr Blocher stoh.
>
> Schnitzelbank der Basler Fasnacht 1994

Die Führer sind wieder da: Rechtsextremisten, nationale Populisten und moderne Protestparteien, die vorgeben, nicht mehr gegen die Demokratie, sondern für deren Befreiung aus Filz und Bürokratie zu kämpfen.

Ist Blocher ein Faschist, wurde ich oft gefragt. Diese Frage scheint mir in der Schweiz die falsche Frage zu sein. Die Schweizer Geschichte zeigt, dass in der Schweiz ein Faschismus gar nicht nötig ist; ein starkes Bürgertum und eine brave konservative Mehrheit sorgen dafür, dass die Dinge bleiben, wie sie sind. Auch die Volksrechte sind bekanntlich ein Instrument, das vor allem den Status quo armiert. Das hat schon Blochers Grossvater Eduard gewusst: «Das Volk ist konservativer als seine Vertreter (...). Die Volksabstimmung somit ein gutes Mittel, unerwünschte Neuerungen abzulehnen (...). Führer mit konservativer Gesinnung sind durch ihre Erfahrungen Verfechter der Volksrechte geworden.»

Als analytisches Seziermesser geeigneter ist der Begriff des Rechtspopulismus. Denn, so lautet der Vorwurf, Blochers Liebe zum Volk sei stets zwei Oktaven zu hoch. Dieser Vorwurf wird zu prüfen sein. Was ist das, ein Populist? Blocher beklagt sich darüber, dass ihm niemand sagen könne, was damit genau gemeint sei. Aber die Zeitungen reden dauernd davon. Alle meinen zu wissen, was das sei, aber niemand weiss, was es ist. Deshalb kann sich B. auch leicht vom Vorwurf des Rechtspopulismus abgrenzen, ihn als *Etikette* abtun und nachdoppeln, es müsse offensichtlich *etwas Schlechtes sein*, sonst würde man es ihm wohl nicht anhängen. Er grenzt sich *mit aller*

Deutlichkeit davon ab, obwohl er gar nicht weiss, wovon. So einfach sollte man es ihm nicht machen.

Der Begriff Populismus ist im Laufe der Jahrzehnte sehr unterschiedlich gebraucht worden. Blättert man in der politischen Literatur, trifft man auf Populisten unterschiedlicher Art, zum Beispiel Mao Tse-tung, Franz Josef Strauß, Fidel Castro, Perón, Indira Gandhi, Ronald Reagan. Mussolini und Hitler haben als Populisten begonnen. Linke und Rechte fahren mit diesem Geschütz auf.

Es gibt aber gemeinsame Elemente, die immer wieder auftauchen. Daraus lassen sich einige Kriterien ableiten, über die sich die Politologen einig sind. Populisten appellieren an das Volk, am liebsten an die sogenannt einfachen Leute, und nicht an einzelne Klassen, Schichten, Berufsgruppen oder Minderheiten. Populistische Bewegungen sind also klassen- und minderheitenübergreifend, nicht selten antielitär, gegen das sogenannte Establishment gerichtet, oft auch gegen die Intellektuellen und die Akademiker. Populisten haben meist kein konkretes politisches Programm; für die tagespolitischen Auseinandersetzungen sind nur wenige Themen von praktischer Bedeutung, die in der Regel sehr moralisch verfochten werden. Das meist nicht näher beschriebene Wohl der sogenannt kleinen Leute sehen Populisten bedroht durch die grossen Organisationen in Wirtschaft und Politik: Grossbanken, Konzerne, staatliche und private Bürokratien, Parteiapparate, Parlamente und andere Vermittlungsagenturen zwischen Volk und Regierung. Das Bild der Gesellschaft hat nur eine Vorder- und eine Rückseite. Dazwischen ist nichts.

Populistische Inhalte verlangen eine populistische Form: Sie richtet sich an das Gefühl, an die Stimmung, an die unmittelbare Befindlichkeit und an die Ängste der Empfängerinnen und Empfänger. Der Sender ist deshalb nicht auf logische Stimmigkeit getrimmt, sondern auf Wirksamkeit. Deshalb sind Populisten Alles-oder-nichts-Politiker.

Woran erkennt man den Populisten? An seiner Sprache.

Im folgenden zeige ich, was B. uns eigentlich zu sagen hat. Seine Reden und Artikel sind gedruckt, darauf können wir ihn behaften; was er hier verlautbart, sind keine Ausrutscher, es ist für die Öffentlichkeit bestimmt. Anschliessend werden wir uns zu Gemüte führen, wie er seine Botschaften unters Volk bringt, was uns zu den gängigen Methoden populistischer Propaganda hinführt.

Politik interessiert Sie nicht, sagen Sie? Das sollte sie aber, es ist nämlich nicht uninteressant, wie Parteipräsident Blocher zum Beispiel vor Bauern spricht. Die hat er im Sack, bevor er begonnen hat. Seine Methode ist altbewährt, auch der ehemalige Staatschef der DDR, Erich Honecker, soll sie benutzt haben. Da geht doch die Legende, dass er sich einen Mann, genauer: ein Gesicht, allein deshalb gehalten hat, um ihn bei offiziellen Gruppenfotos neben sich selber zu postieren. Wozu das gut sein soll? Das Gesicht soll von so übler Bauart gewesen sein, dass jedes andere Gesicht, auch ein Honecker-Gesicht, daneben wie eine feingezogene Orchidee erscheint.

Und wenn in der Blocher-Show eingangs ein Beamter redet, als hätte er am Fremdwörter-Duden mitgeschrieben, dann ist das sehr ähnlich, methodisch gesehen. Das hört sich ungefähr so an: … gewähren als gesamtwirtschaftliches Konzept eine nachhaltige Nutzung, vor allem in betriebspolitischer und volkswirtschaftlicher Hinsicht aber ist das, denken Sie an den Fettgehalt der Milch und die Multifunktionalität …

Und die Bauern, die schielen zum Buffet.

… Marktregulierung, Regulierung generell, Marktnischen, auch die sind strukturell nicht uninteressant, und beachten Sie die Vorbemerkungen zur Vorbereitung der Einführung der Direktzahlungen 31a und 31b …

Und die Bauern, die schielen zum Buffet.

Dann holt ein Tusch der Blasmusik die Bauern zurück, zack, zack, zackig, sechsachteltaktmässig werden die Bauern wiedererweckt und wiederbelebt, Ruckizuckiremmidemmi, und jetzt redet ER: *Was kompliziert ist, ist nie richtig.* Und: *Das ist dummes Zeug, dummes Zeug.* Und wenn Sie jetzt fragen, wo ist denn hier das Programm, dann sage ich Ihnen glatt: Tun Sie doch nicht so kompeliziert, so kompeliziert.

Blochers Feindbilder

Die Produktion von Feindbildern und Sündenböcken gehört zu den Merkmalen rechtsextremer Ideologien und rechtspopulistischer Bewegungen. Auch Blocher produziert Feindbilder:

Die «Asylanten»

Die Kampagnen gegen Ausländer sind subtiler geworden. Anfangs der achtziger Jahre hat sich die Diskussion verlagert: Man redet nicht mehr von Ausländern, sondern von «Asylanten». Trotz anhaltend hoher Ausländerzahlen richtet sich die Fremdenfeindlichkeit der achtziger Jahre gegen die vergleichsweise kleine Gruppe der Asylbewerber und Flüchtlinge. Rassismus kommt nicht mehr biologisch definiert daher (Rasse), was in der Schweiz kaum mehrheitsfähig wäre, das Fremde ist nun das Kultur-Fremde.

Bereits die Interpellation Hofmann (SVP BE) macht 1982 eine neue Kategorie sogenannter «Wirtschaftsflüchtlinge» aus und meint, diese hätten «unsere Flüchtlingspolitik in gefährliche Nähe der Überfremdungsdiskussion gerückt». Nationalrat Fritz Hari (SVP BE) sieht schon 1983 die Gefahr einer «Überflutung unseres Landes mit Wirtschaftsflüchtlingen». Dieser Meinung wird sich eine Mehrheit im Parlament anschliessen. Die erste Asylgesetzrevision wird im Nationalrat deutlich angenommen. Zwischen 1984 und 1987 löst die Asylkontroverse ausländerpolitische Fragestellungen ab. Die Frage des Uno-Beitritts bietet zudem der Nationalen Aktion Gelegenheit, sich im Lager der Beitrittsgegner zu profilieren.

Spätestens ab 1985 wird die Asylfrage zu einem der brisantesten Themen der schweizerischen Innenpolitik. Nationalrat Jean-Pierre Bonny (FDP BE): «Wirtschaftsflüchtlinge sind keine echten Flüchtlinge, sondern illegale Fremdarbeiter, um das einmal klipp und klar zu sagen.» 1986 wirft die Zürcher SVP die ersten Inserate zum

Thema «Asylrechtsmissbrauch» in die Öffentlichkeit. Bereits in der nationalrätlichen Kommission zur 2. Asylgesetzrevision im selben Jahr ist die Unterscheidung in echte und unechte Flüchtlinge eine Selbstverständlichkeit geworden. In dieser Phase wird NA-Gedankengut zum rechtsbürgerlichen Standardgepäck. «Einzelne bürgerliche Politiker wie auch ganze Parteien vertreten eine Ausländer- und Asylpolitik, die durchaus in der Nähe der NA zu verorten ist», fasst eine Zürcher Dissertation zusammen.

1989 prescht Blocher mit seiner Interpellation vor, die sogenanntes Notrecht fordert. Was Notrecht ist, weiss sowieso keiner, aber es schmeckt nach Eisen. Spätestens jetzt bilden die bürgerlichen Befürworter einer restriktiven Asylpolitik gemeinsam mit der Autopartei und der NA/SD eine Interessengemeinschaft, die in Blochers «Aktion für eine unabhängige und neutrale Schweiz» (AUNS) bereits eine überparteiliche Abschussrampe zur Verfügung hat. Nationalrat Hanspeter Seiler (SVP) findet es interessant, im Nationalrat darauf hinzuweisen, dass er auf seinem Arbeitsweg «viermal täglich Asylbewerbern verschiedener Nationalität» begegnet.

Asylpolitische Vorschläge, die früher nicht mehrheitsfähig gewesen wären (Notrecht, Einsatz der Armee zur Grenzsicherung), sind im Gespräch. Argumentationen, die früher nur die NA benutzt hat, und eine Sprache, die bei Hammer und Amboss in die Lehre gegangen ist, werden zum Bestandteil parlamentarischer Voten.

Die Mär von den *unechten Flüchtlingen* geht so: Sie *suchen in unserem Land in erster Linie Verdienst, ein besseres Auskommen, wobei die hiesigen Lebensverhältnisse für sie geradezu fürstliche Verhältnisse darstellen. Man versteht, dass diese Leute alles unternehmen, um in die Schweiz zu gelangen. (...) Es ist eindeutig: missbräuchlich Asylsuchende suchen einen wirtschaftlichen Vorteil. Das bessere Ein- und Auskommen, die besseren Kinderzulagen, die besseren wirtschaftlichen und sozialen Verhältnisse in der Schweiz sind das Motiv für die Einwanderung.* Das haben wir schon so oft gehört, dass wir es nur noch glauben können. Aber es stimmt nicht: Nur wenige Menschen wandern freiwillig. Die Erfahrungen in der Europäischen Union haben gezeigt, dass nur wenige aus Hoffnung auf wirtschaftliche Vorteile wandern und ihre Heimat verlassen. Die berufliche Gleichstellung zwischen Inländern und EU-Ausländern hat zu keiner erhöhten Wanderung im Innern geführt.

Blocher behauptet, es gäbe so etwas wie ein *gesundes Verhältnis von ansässigen Schweizern und fremden Niedergelassenen in unserem Lande.* Wann ist das Verhältnis gesund, wann ungesund? Was hat hier plötzlich die Medizin zu suchen? Wir erinnern uns: Der Anteil an Asylbewerbern in seiner Firma scheint gesund zu sein (noch keine Rassenunruhen). Und erinnern wir uns auch: Würden die Plochers heute anklopfen an der Schweizergrenze, sie kämen wohl kaum herein und könnten Blochers werden, denn dafür sorgen Leute, die Blocher heissen, aber nicht so heissen würden, wenn es nur noch Blochers gäbe. Die Plochers haben Glück gehabt.

Blocher behauptet, die Kleinheit der Schweiz entwickle *eine hochempfindliche Scheu vor Überfremdung.* Das erzeuge *Fremdenhass.* Was soll das sein, die Kleinheit? Die Kleinheit ist kein Subjekt, sondern im besten Fall eine abstrakte Lüge. Die Lügner hingegen bestehen aus Fleisch und Blut und haben einen Namen. Blocher findet es zwar auch fürchterlich, wenn an der Generalversammlung seiner AUNS ein Teilnehmer meint, Asylbewerber seien zwar aufzunehmen, aber zu «kastrieren». Doch Politiker wie er senken die Hemmschwelle, gegen Ausländer und Asylbewerber vorzugehen, und zwar nicht nur verbal.

Christoph Blocher unterstellt den Asylbewerbern *zunehmende Disziplinlosigkeit.* Und er kennt auch bereits die *Anstifter:* nämlich *sogenannte schweizerische Flüchtlingsorganisationen oder sogenannt kirchliche Kreise.* Humanitäre Organisationen werden zu Tätern gemacht. *Die «wilden» Aktionen der «Humanität»,* die *kirchlichen Propagandisten der Humanität* müssten zurückgewiesen werden. Humanität scheint für ihn nur als Wort zwischen Anführungszeichen vorstellbar.

Er grenzt sich ab gegenüber *Aktionen* (auch «nationalen Aktionen»), die *Gegenreaktionen* erzeugten. Dabei ist er daran, ihnen das Wasser abzugraben. Blochers Einstellung hat sich radikalisiert. Noch 1986 sagte er, *dass die – nach sorgfältigster Abklärung – getroffene Unterscheidung zwischen bedrohten Flüchtlingen und lediglich «Unzufriedenen» in letzter Eindeutigkeit bis zur Ausweisung der letzten durchgezogen wird.*

Davon ist er abgerückt. Die auf seinen Vorstoss von der SVP Schweiz lancierte Volksinitiative «gegen die illegale Einwanderung» verlangt, dass auf Asylgesuche illegal Eingereister gar nicht eingetreten und das Beschwerdeverfahren verkürzt wird.

Blochers Forderungen, zum Beispiel die Forderung nach *Notrecht* im Asylwesen, hat zweifellos bei Exponenten der äusseren Rechten und leider auch bei bürgerlichen Parteien die Hemmschwelle gesenkt, sich in ähnlich populistischer Weise dieses Themas zu bedienen. Nationalrat Dreher (Autopartei, AUNS-Mitglied), der im Nationalrat von «Masseninvasion in die Schweiz», von «Asyltourismus» und von «verrotteter Lage» spricht, bekennt, er habe schon lange gesagt, man solle mit Notrecht arbeiten, wie dies Blocher mit seiner Interpellation gefordert hat. Nationalrat Markus Ruf (Schweizer Demokraten, AUNS-Mitglied) doppelt nach, beruft sich ebenfalls auf die SVP, spricht von «Asylantenrekorden», warnt vor «einer modernen Völkerwanderung von Wirtschaftsflüchtlingen und Asyltouristen», von der die Schweiz «überrannt zu werden» droht. Anschliessend zitiert er im Nationalratssaal aus einem Rundbrief der AUNS. Blocher muss hier nicht mehr selber vorpreschen, das besorgen seine rechten Recken.

Die Geschichte geht weiter. Im Juni 1992 fordert Nationalrat Toni Bortoluzzi (SVP ZH, AUNS-Mitglied) in einer Motion «die rasche Ausweisung krimineller Asylbewerber». Damit sind endgültig zwei Themen verbunden, die nichts miteinander zu tun haben. Der kleinste Teil der Asylbewerber ist kriminell. Die Kriminalstatistik des Bundesamtes für Statistik weist bei schweren Verbrechen für Ausländer mit Wohnsitz im Ausland, worunter auch die Asylbewerber gezählt werden, für 1990 prozentual keine signifikanten Abweichungen zu den schweizerischen Straftätern aus. Dies gilt auch für straffällige Ausländer mit Wohnsitz im Inland. «In Anbetracht dieser Zahlen gibt es keinen Grund zur Annahme, es bestehe ein statistischer Zusammenhang zwischen dem Tatbestand der Verbüssung einer Freiheitsstrafe und der Nationalität», sagt uns das Bundesamt.

Doch wen interessieren schon Statistiken? Im März 1993 reicht Ständerätin Monika Weber (LdU) ihre Motion ein, die weit über die Bestrafung von sogenannten «Asyldealern» hinausgeht. Sie benutzt auch den «Blick» als Sprachrohr und löst eine eigentliche Propaganda-Schlacht aus, von der vor allem die SVP profitieren wird. Ende August 1993 zieht Nationalrat Franz Steinegger, Präsident der FDP Schweiz, an der Delegiertenversammlung seiner Partei nach und verbindet ebenfalls Asyl mit Kriminalität. Im «Blick» kritisiert er jene, welche die Probleme «nur ausdrücken, erörtern, ertragen oder besser noch verschweigen» wollten. Das wiederum kommt der SVP gelegen, die ihre Inseratekampagne «Stop dem Asylmissbrauch» lancieren kann.

Ende Oktober 1993 schaltet sich auch die CVP ein, die dem Thema, genauer: einem Amalgam verschiedenster Themen, einen Namen gibt: innere Sicherheit. Und weil es in der Bibel die Zehn Gebote gibt, gibt der damalige CVP-Präsident Carlo Schmid seine zehn Thesen zur inneren Sicherheit bekannt, darunter die Auflösung der offenen Drogenszenen und die Ausweisung von straffälligen Ausländern nach der Strafverbüssung. Im «SonntagsBlick» fordert er den «Armee-Einsatz gegen kriminelle Asylanten».

Gleichzeitig läuft die Inseratekampagne der SVP zum Thema «Sicherheitspolitik», die in den berühmt gewordenen «Messerstecher»-Inseraten und -Plakaten der SVP Zürich gipfelt. Es hagelt zwar Kritik an Blochers Propagandamethoden, doch die scheint ihm eher zu nützen, als zu schaden. Der «Blick» druckt Leserbriefe, in denen Blocher für seinen «Mut zur Wahrheit» gedankt wird.

Im Dezember 1993 fordert die SVP Zürich in einem offenen Brief, der auch als bezahltes Inserat in der Tagespresse gedruckt wird, den Regierungsrat auf, Notgefängnisplätze zu erstellen und eventuell Soldaten zur Bewachung bereitzustellen. Die Verbindung der beiden Themen Drogenpolitik und Asylpolitik ist bereits so oft wiederholt worden, dass gegen ihre inhaltliche Verbindung nicht einmal mehr protestiert wird. Ein bürgerliches Trauerspiel.

Das «Establishment»
Blocher attackiert nicht nur kollektiv die linken Politikerinnen und Politiker, sondern auch die bürgerlichen. *Nicht nur Widerstand gegen rot-grüne Gegner, sondern auch gegen die vielen Leisetreter und Anpasser unter den bürgerlichen Politikern in den bürgerlichen Parteien, welche allzuoft mit der Miene von Pharisäern (...) und mit viel professoralem Gehabe die Anpassung und das Nachgeben geradezu zelebrieren.* Gleichzeitig packt er hier auch seinen Spott über die Akademiker hinein, dem wir noch oft begegnen werden.

Im Parteiprogramm der SVP Zürich von 1987 wird die FDP als eine Partei «mit stark dogmatischem Einschlag» bezeichnet. Sie sei «eine elitär geprägte Interessengemeinschaft, in der Schönreden gefragt ist». Die CVP und die EVP werden als Parteien apostrophiert, welche «die Religion als Marketingmittel verwenden, um beim Wähler das Gefühl christlicher Verbundenheit anzusprechen und so die christliche Solidarität zu missbrauchen».

Blocher benutzt die Angriffe auf die bürgerlichen Politikerinnen und Politiker, um Robin Hood zu spielen: *Es trifft zu, dass sich meine Kritik vor allem an die Adresse der Bürgerlichen richtet. Eine Kritik muss, wenn sie gültig sein soll, unabhängig sein.* Er bezeichnet die Politiker als *Durchschnittsfiguren, die sich dem Volk längst entfremdet haben.* Dagegen fordert er *Persönlichkeiten, die das Leben kennen.* (Oskar M., der zwanzig Jahre in der Chemischen als Sklave geschaufelt hat, kennt das Leben. Das ist ein anderes Leben, als Blocher es kennt. An der Börse schwitzen sie zwar auch, aber anders.) Er beklagt ein *Übermass an Mittelmässigkeit.* Mit Händen sei zu greifen, *dass hier die persönlichen Interessen der einzelnen die Verpflichtung für das Gemeinwohl überwiegen. Die Folge davon sind allgemeine politische Untätigkeit, Substanzlosigkeit und ein zunehmender Mangel an Persönlichkeiten in führender Stellung.* Seine Kritik nimmt geradezu Ausmasse einer Verschwörungstheorie an: Mittelmass nicht nur in der Politik, auch in der Wirtschaft und an den Hochschulen.

Er nutzt die latente Staatsfeindschaft des nicht in den politischen Betrieb eingebundenen Bürgers (Politiker oben – Bürger unten) und spielt den Politiker gegen das Volk aus: *Mir erscheinen Politiker, je* länger ich sie am Rednerpult, im Nationalrat und in der Öffentlichkeit betrachte, wie lebende Verordnungsparagraphen: *Die Kluft zwischen Volk und Parlament ist sichtbar geworden.* Oder er wirft ihnen vor: *Die Politiker streben nach Macht. (...) Die Zeche für diese Auftritte bezahlt allerdings das Volk.* Natürlich streben Politiker nach Macht, was denn sonst? Das ist nicht erst seit gestern so. Es wäre interessant zu hören, was er auf die Frage: «Herr Blocher, Sie streben also nicht nach Macht?» antworten würde.

Den Politikern unterstellt er *ein Buhlen um Ansehen* und *Beliebtheit*, sie orientierten sich *an einer Schein-Beliebtheit, die sich in Liebedienerei gegenüber gewissen Instanzen – beispielsweise dem Fernsehen gegenüber – äussert, die ihrerseits das Geschehen in diesem Land mehr und mehr zu diktieren trachten.* (Ich will nicht behaupten, Blocher sei eitel, diese Frage geht nur ihn etwas an. Aber kein anderer Politiker darf mehr im Fernsehen auftreten als er.) Er spricht ihnen den *Mut, eine eigene Meinung zu vertreten*, ab, nennt sie verächtlich *Sowohl-als-auch-Politiker, die keine klaren Stellungnahmen vertreten*, und rühmt sich, eine der wenigen berühmten Nummern zu sein, die im Besitze einer eigenen Meinung seien.

Wer seine politischen Gegner vergleicht mit *einer grossen Zahl anpassungsfähiger, anpassungswilliger – ein Bauer würde sagen «geländegängiger» – Typen, die sich so vollständig angepasst* hätten, *dass sie selber kaum mehr registrieren, dass sie ununterbrochen nur noch Gemeinplätze, allgemeine Weisheiten und Leerformeln schreiben, schwatzen und nachplappern*, wer in den Parteien nur noch *blosse Steigbügelhalter* fürs Karrieremachen sieht, wer die Politik, *wie sie von den meisten Parteien geführt wird*, als *Schaukelpolitik* bezeichnet, wer von der *geistigen Verarmung des Parlamentes* spricht, wer behauptet, in der Politik habe es immer mehr *Verwahrloste*, an dessen Wille und Fähigkeit, den Gegner zu achten, muss gezweifelt werden.

Die Linken

Zum festen Bestandteil nationaler Rechtsaussen-Ideologien gehört die kategorische Absage an jede Zusammenarbeit mit «Links». Im

Orwell-Jahr hat Blocher gewarnt: *Ich weiss nicht, ob alle Politiker gemerkt haben, dass das Jahr 1984 als eine Kriegszeit besonderer Art in die Geschichte eingehen wird. Es gilt, den Krieg gegen die Ideologie der politischen Linken und gegen die Umkrempelung unserer Gesellschafts- und Wirtschaftsform zu führen. Das Schweizervolk steht vor einer einmaligen Bewährung. (...) Bereits diesen Herbst werden wir wieder auf neuem Schlachtfeld anzutreten haben.* Wer die Sprache radikalisiert, muss wissen, dass er auch das Denken radikalisiert. Und wer die politische Auseinandersetzung als Krieg begreift, der ist eine Kriegsgurgel.

Im Parteiprogramm der SVP Zürich von 1987 heisst es: «Die SP ist heute durchsetzt mit einer sich elitär gebärdenden intellektuellen Schicht, die als rotbürokratische Feudalherren dem Volke sagen wollen, was gut und schlecht ist.» Was ist rotbürokratisch? *Wir schauen auch nicht zu, wie all die rote Saat des Unkrautes ausgestreut wird. (...) Darum haben wir uns zum Ausbau und nicht zur Zerstörung unserer Staatsform entschlossen!* Wir haben geglaubt, dass die Zeiten, in denen man den Gegner als Unkraut beschimpft, vorbei wären. Es versteht sich fast von selbst, dass *der rot-grüne Weg* laut Blocher *akademisch* und *wirklichkeitsfremd und sektiererisch* ist, und es überrascht niemanden mehr, dass er *in ein Chaos führt*. Es sind schliesslich alles *sozialistische Treiber* und *lebensfremde Intellektuelle*.

Im Bulletin von Blochers AUNS wird ein Leserbrief zitiert (Absender: H. H., meint wohl Hans was Heiri): «Dies entspricht der generellen Orientierung des DRS, dessen oberste Regenten (Blum, Schellenberg, Studer usw.) doch alle samt und sonders dem sozialistischen Establishment angehören.» Eher würde ein Sozialist seine rote Fahne fressen, als Chefredaktor Studer als Sozialisten zu bezeichnen.

Humanitäre, kirchliche und neue soziale Bewegungen
Wer die eigene Familie zerstört, wer sie zerrüttet hat, der spielt sich oft auf als Retter der Dritten Welt. Er konzentriert sich geradezu fanatisch auf irgendein Modell weitab von seiner eigenen Umgebung, um sich selbst und seine Umwelt darüber hinwegzutäuschen, dass er vor den Forderungen, mit

denen ihn sein eigenes Leben täglich konfrontiert, nicht zu bestehen vermag. Offensichtlich ist es für einen protestantischen Unternehmer wie Blocher unvorstellbar, dass jemand, der sich mit der sogenannten Dritten Welt beschäftigt, normal sein kann und nicht frustriert sein muss.

Verdriesslich macht ihn auch die politisierende Kirche, vor allem all diese *pseudokirchlichen Organisationen, die über Kernenergie, Bankeninitiative usw. schreiben, statt sich der Verkündigung des Evangeliums und der Seelsorge zu widmen.*

Auch mit der *sogenannten Friedensbewegung* bekundet er Mühe (sogenannt ist eines seiner Lieblingswörter, damit will er andeuten, dass er dem nicht so sagen würde): *Die während Jahrzehnten gross gewordene «Moral» unserer Zeit hält aber alles Schmerzliche und Belastende für böse und alles Angenehme und Bequeme für gut. Diese Moral muss folglich den Bestand ungestörter Annehmlichkeit «Frieden» nennen. (...) Soweit ist der heute allgemein vertretene Friedensbegriff von ganz egoistischen Merkmalen geprägt: Friede muss sein, weil ich mich nicht stören, geschweige denn belasten will.* Und er bringt es fertig, *all den lebenslustigen Friedensaposteln* indirekt Kriege zuschulden kommen zu lassen: *Wer den Frieden auf für sich selbst so leichte Weise «machen» will, fördert eben den Krieg.* Im «Zürcher Bauer», dem Organ der SVP Zürich, wird Politiker Blocher sekundiert von Bruder Gerhard Blocher, Pfarrer und also Fachmann auf diesem Gebiet: «Im Blick auf die Gegenwart haben solche Stimmen der Friedenseuphorie nur etwas peinlich Anpasserisches.» Anpassung woran?

Trauer- oder Friedensmärsche sind für Blocher nur *Tarnwörter*. Im «Zürcher Bauer» fallen die Worte noch deutlicher aus. Auf der Front wird über einen Ostermarsch in Basel berichtet: «Nun marschieren sie wieder, die ‹Friedensbewegten›, die Söldlinge Moskaus, die Narren und Mondkälber von dies- und jenseits der Landesgrenze.» Die Kundgebung sei ein «kommunistisches Welttheater» und eine «vollendete Schweinerei». Nationalrat Helmut Hubacher (SP) entgegnete in der «Basler AZ», offensichtlich könne man sich in der Zürcher SVP nicht vorstellen, dass Menschen aus Überzeugung, aus Angst, aus Besorgnis das Bedürfnis hätten, an einem Friedensmarsch teilzunehmen. «Die Zürcher SVP hat ihre sprachlichen Vorbilder bei den Rechtsextremen gefunden.»

Mehr Platz einräumen möchte ich Blochers Abneigung gegen die Jugendbewegung, weil er da gezeigt hat, wie er zum Volks-Recht auf freie Meinungsäusserung steht. Die Demonstranten bezeichnete er an der Delegiertenversammlung seiner Partei von 1980 als *Elemente aus dem In- und Ausland, die man nicht einfach als Jugendliche bezeichnen* könne. Der Bürger werde zur *legalen Selbstverteidigung gezwungen*. Sogar Lyrik von Partei- und Bauerndichter Willy Peter aus dem Zürcher Weinland wird abgesondert in seiner Zeitung. Das Gedicht auf der Front trägt den Titel «D Chaote»:

Sie losed niid. Sie mached alls kabutt.
Vo wyt hëër chömeds. Gstüüret. Mängsmal plutt.
Si losed niid. Si mached alls kabutt.

Im September 1980 durfte Christoph Blocher an der «Eidgenössischen Landsgemeinde für Recht und Ordnung» (gstüüret von Chemieunternehmer Werner Kolb, Zunft zur Letzi, Ernst Cincera und Blochers Schatten Dr. Ulrich Schlüer, «Schweizerzeit») die Ursachen der Jugendunruhen analysieren (*Einige grundsätzliche Gedanken zum Rechtsstaat*). Die Jugendlichen hätten halt die *Härte der Lebensbewältigung nicht erfahren*. Sie seien in einer *tiefen geistigen Leere* aufgewachsen. Schuld sei das Erziehungssystem, die Eltern hätten sich von angeblichen Idealen wie Selbstverwirklichung und Gleichberechtigung irreleiten lassen. *Wer weiss denn heute noch, was eine Ehe, was Mann und Frau sind*, fragte er. Man habe den Kindern Autorität und religiöse Bindung weggenommen.

Drei Monate später, am ausserordentlichen Parteitag der Zürcher SVP im Januar 1981, nannte Parteipräsident Blocher sein Referat *Krawalle: Wir haben genug!* Diesmal keine Ursachenanalyse mehr, sondern konkrete Tips. *Unzufriedene und Idealisten, solche, die für ein Jugendhaus kämpfen, und solche, die ganz anderes wollen, Gesellschaftsveränderer und Abenteuerlustige, hartgesottene Drahtzieher und unschuldige Mitläufer, Junge und Alte, Stadtzürcher und Landschäftler, Schweizer und Ausländer, Gewalttätige und verängstigte Problemkinder, Schriftsteller und Pfarrer, Politiker und Anti-Politiker* seien in die gesetzlichen Schranken

zu weisen (Law and order). *Wir wollen nicht, dass der Kanton Zürich zum europäischen Sammelbecken für Krawallanten und Chaoten wird.*
Chaot ist ein Reizwort, das man je nach Bedarf füllen kann. Heute nennt die Zürcher SVP die Häuserbesetzer so. Bereits 1981 arbeitete Blocher mit der Methode, den *normalen* Bürger gegen den *Chaoten* und *Irregeleiteten* auszuspielen (Medizin: Albert-Anker-Bilder anschauen). Die Normalen sind die, *die in aller Bescheidenheit ihre Pflichten erfüllen.* Irregeleitet nennt er die andern, weil sie seiner Ansicht nach von *linksextremen Gruppen, die sich der Jugendlichen zu bedienen versuchen,* unterwandert werden und die *wohlmeinenden Jugendlichen in eine Sache hineinrennen, von der sie keine Ahnung haben.* Den Jugendlichen traut er nicht zu, dass sie aus eigenem Antrieb und eigener Entscheidung auf die Strasse gehen.
Dann greift er in die Geschichtstruhe, denn wo der Linksextremismus blühe, da spriesse auch bald der Rechtsextremismus. *Der Ruf nach der Diktatur wird ertönen. Die Folgen des Treibenlassens werden dann schlimmer sein als Sachbeschädigungen und Verletzung von Bürgerrechten. Es könnte dann leicht die Diktatur sein. Das ist, meine Damen und Herren, nichts anderes als die Geschichte der Weimarer Republik. Sie fand ihr Ende im Nazideutschland. (...) Der Bewegung geht es mit aller Entschiedenheit nicht um Frieden, sondern um Krieg!*
Was schlägt er vor? *Dazu braucht es nicht einmal Tränengas. Für kritische Stunden haben wir sogar die Möglichkeit eines Besammlungsverbotes auf öffentlichem Grund.* Das lässt aufhorchen. Da hat er natürlich recht, dass ein winziges Versammlungsverbot viel wirkungsvoller ist als eine Tonne Tränengas. Er schränkt lieber die Freiheit der Meinungsäusserung ein, als Sachbeschädigungen in Kauf zu nehmen. Blocher sieht nur die *Zerstörungseuphorie primitiver Geister* am Werk: *Den relativ wenigen Tätern kommt es weniger – wenn überhaupt! – auf die öffentlich demonstrierte politische Meinungsäusserung an als auf die Wahrnehmung einer Möglichkeit, ungestraft zu randalieren und fremdes Eigentum zu beschädigen und zerstören zu können.* Hier gibt er wenigstens zu, dass die gewaltbereiten Demonstranten normalerweise in der Minderheit sind, aber warum will er dann einer Mehrheit das Recht auf öffentliche Meinungsäusserung in Form von Demonstrationen neh-

men? Wer die freie Meinungsäusserung, auch die Versammlungsfreiheit, für die Demokratie für absolut unerlässlich hält, der sollte sie akzeptieren, und wer so oft vom Volk spricht, der sowieso. Oder will er am Ende gar nicht, dass das Volk auch ein paar Meinungen hat?

Akademiker und Intellektuelle

Blocher fährt seine schwere Artillerie auf gegen den Geist. *Wo geführt wird (...), da ist kein Platz für Mittelmässigkeit, mag diese mit noch so gewichtigen akademischen Titeln getarnt sein.* Nebensätze wiegen oft zwei Tonnen mehr als die Hauptsätze, denn da kann so vieles reingepackt werden, zum Beispiel ein bisschen antiintellektueller Saft. Dass das Mittelmass nämlich akademisch ist, ersehen wir daraus, dass es sich tarnen muss. Obwohl er selber ein Akademiker ist (Dr. iur.), obwohl viele seiner politischen Mitstreiter sich mit einem akademischen Titel tarnen, gehören die Akademiker zur Standard-Zielscheibe seiner Angriffe. Er nennt sie abschätzig *einige besonders gescheite Leute*, die in *geschwollenen Worten* reden, nennt sie *Komplikateure von Beruf*, die sozusagen berufsmässig in Problemen waten. Die Universitäten sind ihm nur *sogenannte Hochschulinstitute*, offenbar findet er, dass man denen nicht so sagen könne.

Diese Angriffe haben Methode, er spielt den *Theoretiker* gegen den Tatmenschen aus, der auf dem Boden der Realität steht (oder was er dafür hält). *Schluss mit dem heuchlerischen, pharisäerhaften Geschwätz über Solidarität und mit dem Gerede über Visionen und dergleichen; die schweizerische Politik braucht statt dessen mehr Persönlichkeiten, mehr Führung, Für-Sprecher, Landesväter, mutige Stellungnahmen!* Oft verbindet er das Wort Akademiker mit dem Wort Theoretiker: *Soziologen und andere Theoretiker*, der *Akademiker und Theoretiker*, die *Soziologen, Professoren, Zukunftstheoretiker*. Konservativste Lava ist das, sie führt immer das Bestehende ins Feld.

Dem Theoretiker stellt er das Volk gegenüber und befestigt in ihm zugleich den Willen, unten zu bleiben. Studiert ja nicht, sonst werdet ihr auch noch so überstudiert! *Und darum soll das Volk ent-*

scheiden, ob es das, was Theoretiker vorschlagen, als Richtschnur für sein Leben will.

Der Konservative versteht sich als Tatmensch, alles liberale Diskutieren, der Ausgleich und Kompromiss erscheinen ihm als Zeitverschwendung: *Gerade die Einfachheit erfordert nämlich die Entschlusskraft zu wirklichen, aber oft unbequemen Massnahmen und Lösungen, während bei den unendlich komplizierten Erörterungen über unendlich komplizierte Zusammenhänge, bei denen in unendlich vielen Tagungen mit unendlich langen Diskussionen oft ganz schlicht und einfach – unendlich wenig geschieht.* Hätte das ein Staubsaugerfabrikant gesagt, es wäre uns egal. Aber das hat ein Politiker gesagt, der vom Volk gewählt ist und bezahlt wird dafür, dass er zuhört und sein Salatbeet nicht für die Welt nimmt.

Die Bürokratie

Die *Schlingpflanze Bürokratie* ist deshalb ein äusserst brauchbares Feindbild, weil sie anonym ist und ein Kollektiv. Ein Kollektiv (wie auch die Akademiker) ist ohne Risiko angreifbar, weil immer eine Gruppe ohne Name angegriffen wird. Es wird sich also kaum jemand wehren oder gar eine Ehrverletzungsklage vorbringen. Der Vorteil der Bürokratie-Kritik ist, dass sie stets gut ankommt, weil im Kofferraum dieses Wortes stets etwas Verschwörerisches, Anonymes, Mächtiges und Undurchschaubares hockt und mit beliebigen Themen gekoppelt werden kann.

Die Bürokratie *lähmt, sie macht uns von der Verwaltung im Unternehmen oder im Staate abhängig, Bürokratie führt zu Willkür und Ungerechtigkeit, sie erstickt die kleinen Bürger-Freiheiten, sie ist kostspielig, sie benachteiligt die Kleinen gegenüber den Grossen, Bürokratie ist anonym, und es fehlt ihr an Menschlichkeit. Bürokratie zerstört auch Arbeitsplätze.* Blocher redet von *bürokratischem Monstrum, Mammut-Bürokratieapparat, Paragraphen-Dschungel, Regulierungsbürokratie, bürokratischen Exzessen* oder der *Umweltschutz-Bürokratie.*

Auch die Psychologie macht er sich zunutze: *Was wir brauchen, ist nicht Missmut und Miesmacherei – nicht Einengung, Vorschriften und*

Staatskrücken, keine teure Bürokratie, die alles und jedes vorschreibt –, wir dürfen Selbstvertrauen haben. Selbstvertrauen ist, wenn man keinen Blocher braucht, der einem das schenken will.

Die Europäische Gemeinschaft stellt er dar als *ein zentralistisch reguliertes, bürokratisches Grossreich* und leimt gleich vier hochstrahlende Wörter zusammen. Auch der Rechtsextremismus muss herhalten: *Nationalismus und Rechtsextremismus werden in Europa dann zur Gefahr, wenn Länder, Kulturen, geschichtlich gewachsene Gemeinschaften von Bürokraten rücksichtslos übergangen und gleichgeschaltet werden.* Und vergisst zu erwähnen, dass er zur Zeit einer der deftigsten Nationalisten in diesem Land ist. Die Uno nennt er eine *Palavertribüne*, auf der nur *friedenspolitische Festrednerei* betrieben wird.

Der Kampf gegen die Bürokratie ist immer auch der Kampf für weniger Staat. Er nützt die latente Staatsfeindschaft der Bürgerinnen und Bürger. Zum Beispiel bekämpfte er unter diesem Schlagwort erfolgreich die Bemühungen des Bundesrates, gegen die Drogenmafia vorzugehen. In Zürich profitiert er von der Drogenmisere, weil er daraus sein propagandistisches Trommelfeuer aufmunitioniert, in Bern wirkt er mit, um den Kampf gegen die internationale Drogenmafia und die damit zusammenhängende Geldwäscherei zu behindern. (Nach Schätzungen der Vereinten Nationen werden in den Industriestaaten jährlich 120 bis 150 Milliarden Franken aus dem Drogenhandel reingewaschen.)

SP-Nationalrat Strahm fasst das so zusammen: «Von Jahr zu Jahr verdeutlicht sich indes die Einsicht, dass bedeutende und einflussreiche Kreise in diesem Land nicht wollen, dass gegen die internationale Wirtschaftskriminalität und gegen den organisierten Rauschgifthandel effizient durchgegriffen wird.» Wer sind diese Kreise? Ist die Vermutung abwegig, dass Blocher ihre Speerspitze im Parlament ist, damit sie sich die Finger nicht selber schmutzig machen müssen? Dass sie ihn deshalb noch brauchen, was erklären würde, warum er politisch nicht schon längst isoliert worden ist? Und dass sie ihm dafür ab und zu, wir leben schliesslich in einem hygienischen Zeitalter, da wäscht die eine Hand die andere, ihre Namen zur Verfügung stellen für seinen Kampf gegen den Rest der Welt?

Die Umweltschützer

Geht es um Umweltschutz oder Energieversorgung, warnt Blocher: Der Bürger laufe Gefahr, *Opfer von Planungsexpertokraten* zu werden. Dieses triamesische Wortgeschöpf aus Planung, Experte und wahrscheinlich Technokrat ist kein Argument, sondern eine propagandistische Missgeburt. Konkrete Massnahmenpläne verscheucht er mit den Schlagwörtern *lebensfremd* und fernab der *Lebenswirklichkeit*.

Umweltthemen sind für ihn Modethemen und *dramatisierte und hochgespielte Affären*. Zum Beispiel: *Waldsterben – worüber vor wenigen Jahren in den eidgenössischen Räten nicht enden wollende Debatten inszeniert worden sind –, Untergang der Eidgenossenschaft – für kurze Zeit heraufbeschworen, heute schon wieder vergessen –, Ozonloch – gerade jetzt in höchster Mode …* Auch die Energiediskussion sei *eine schicke Angelegenheit und im wesentlichen eine akademische Spielerei* geworden.

Dahinter sieht er die *Umweltschutz-Bürokratie* am Werk, die Massnahmen beruhen auf Gutachten und Expertisen der immer wieder gleichen Planungsbüros. Diese reichten sich die Aufträge gegenseitig weiter und verdienten sehr gut daran. Dieses *Karussell der Planer und Experten* werde noch fragwürdiger durch die offensichtliche dogmatische Voreingenommenheit gewisser Planer.

Zu der Chemie-Katastrophe in Schweizerhalle sagte er im Nationalrat zusammenfassend: *Ich glaube, wir müssen das Leben sehen, wie es ist. Das Leben macht nicht nach jeder Katastrophe halt.* Das ist Zynismus im Bierglas. Zur Reaktorkatastrophe in Tschernobyl: *Letztes Jahr hätte man alles für den Wald getan, nur weil es Mode war. Jetzt wird es Tschernobyl sein. Da wird man wahrscheinlich Millionenbeträge für Energieforschungen bewilligen. Wir können diese Zickzack-Bewegung nicht mitmachen!* Wahrscheinlich bleibt uns aber nichts anderes übrig, als diese Zickzack-Bewegung mitzumachen, das Leben verläuft nicht so wie Blochers Aktienkurse, nämlich stetig, und es wird auch künftig Blocher kaum um Erlaubnis bitten, wenn es uns ausserterminlich wieder einmal eine saftige Katastrophe schenken will. Aber Blocher wird dann verkünden: Das Leben macht nicht nach jeder Katastrophe halt.

Ich muss etwas grob werden: Es kommt mir langsam vor wie ein gross-

angelegtes Gesellschaftsspiel oder noch schlimmer: wie eine grossangelegte Heuchelei. (...) Wir haben gesehen, dass wir zu viele Schadstoffe in der Luft haben. Wir können sie nur durch technische Massnahmen beseitigen. Das Umweltschutzproblem ist für ihn nur ein technisches Problem, kein politisches (wozu haben wir da noch Politiker?). *Ich habe keine Angst davor. Ich habe selber vier pausbäckige Kinder, sie sind alle gesund.* Dass er die Backen seiner Kinder ins Feld führt, ist seine Sache; aber eine «grossangelegte Heuchelei» ist es, wenn sich die Ems-Dottikon nach langem Kampf mit den Umweltorganisationen einigt, in ihrem geplanten Sondermüll-Ofen nur die firmeneigenen Abfälle zu verbrennen, drei Jahre später der Ems-Dottikon-Direktor aber verlauten lässt, «durch die hohen Investitions- und Betriebskosten» sei das Unternehmen nun gezwungen, die Verbrennungsanlage «ohne Einschränkungen» zu nutzen. Das ist nicht mehr Heuchelei, sondern grossangelegte Lügnerei.

Blocher mag die Experten nicht, aber wenn sie ihm nützen, beruft auch er sich auf sie. Er ist davon überzeugt, dass solche Katastrophen hier (fast) unmöglich seien, er operiert mit dem Restrisiko. Für ihn ist zum Beispiel die Luftverschmutzung nur ein *ökologisch-naturwissenschaftliches Problem*, nicht ein *psychologisch-politisch-ideologisches Phänomen*. Wer mit dem Restrisiko argumentiert, der macht das Problem – die Technik – zur Lösung. Und worauf stützt er sich da? Auf die Experten.

Wer hat ihm seine technischen Thermoplaste, seine Duroplaste, sein Polyamid für Skibindungen, Snowboardschuhe oder modischen Sonnenbrillen («schlagzähmoderiertes Grilon») entwickelt? Seine Experten.

Der Herr und sein Volk

Der CVP warf die SVP Zürich vor, die Religion als «Marketingmittel» zu gebrauchen. Was verwendet Blocher als Marketingmittel? Das Volk. Volk ist ein schönes Wort, weil es nur vier Buchstaben hat. Es scheint ein freundliches Wort zu sein. Es gibt uns das Gefühl, wir seien dabei, wir gehörten dazu. Und dazugehören ist ein warmes Gefühl, das brauchen wir alle, ohne geht es nicht.

Blocher spricht vom *Dienst am Volk*, von *Volksempfinden und Volksgemeinschaft*, und wo diese beiden nicht ernst genommen würden, *da können sich Heimatliebe und Patriotismus übersteigern und zum gefährlichen Nationalismus entwickeln*. Er verschweigt, dass Patriotismus auch politische Identifikationsfiguren und Transmissionsriemen braucht, um zu einem gefährlichen Nationalismus zu werden. Gleichzeitig grenzt er sich davon ab.

Blocher gebraucht gewisse Wörter so oft, dass sie schon anfangen zu verdorren. Spricht er im Nationalrat, zum Beispiel über das Atomkraftwerk Kaiseraugst, dann sieht das so aus:

«Wir müssen Kaiseraugst erledigen . . . .
. . . . das Volk . . . . . .
. . . . dem Volk . . . .
. . . . Volk . . . .
. . . . . Schweizervolk . . . .
. . . . des Volks . . . .
. . . . .Volk.»

«Dem Volk müssen die Arbeitsplätze erhalten bleiben.» – «Hören Sie doch mal ins Volk hinein ...» – «Ich habe kürzlich mit dem Volk gesprochen, da kann ich Ihnen aber sagen, Sie ...» Wer spricht so? So sprechen grössenwahnsinnig gewordene 1.-August-Redner und Politiker, die einen Meter fünfzig über dem Volk schweben. Warum nennen sie das, was sie meinen, nicht beim Namen und sagen, wer gemeint ist: die Bauern, die Arbeiter, die Bankdirektoren, die Studentinnen, die Angestellten, die Seniorinnen, die Schwulen, die Lesben, die Vegetarier, die Mütter, die Jäger, die Hauseigentümer, die Mieter, die Männer, die Frauen, die Jungen, die Autofahrer? Warum tun sie so, als seien all unsere Gehirne an dieselbe Steckdose angeschlossen? Das Volk ist nämlich nicht immer gleicher Meinung. Einige Exemplare können sogar selber denken. Einige können sich sogar eine eigene Meinung leisten.

Das Wort Volk ist verwandt mit dem Wort Kamerad, das im Schweizer Militär Anwendung findet. Die Soldaten sprechen sich nie an mit: «Hallo Kamerad, wie geht's denn so?» Es sind die oben, die Offiziere, die so reden. Es ist ein Wort, das von oben nach unten fliesst.

Das ist doch merkwürdig, das Volk selber bezeichnet sich gar nicht als Volk. Das Wort gehört jemand anders.

Volksvertreter. Natürlich. Die sitzen in Bern. Da sitzen 48 Bankenvertreter, 44 Versicherungsvertreter, 81 Landwirtschafts- und Agro-Geschäftsvertreter, 39 Atomwirtschaftsvertreter, 125 multinationale Unternehmensvertreter, 88 Immobilienvertreter, 53 Nahrungsmittelindustrievertreter, 87 Bauwirtschaftsvertreter, 42 Chemievertreter, 61 Maschinen-, Metall- und Uhrenindustrievertreter, 59 Arbeitgebervertreter, 68 Offiziersvertreter, 69 Umweltschutzorganisationsvertreter und 8 Konsumentenschutzorganisationsvertreter. Und alle sind sie auch noch Volksvertreter.

Wenn einer sich politisch so ins Zeug legt fürs Volk wie Blocher, fragt man sich unwillkürlich: Will er sein Volk nach oben bringen, da, wo der Spass aufhört und die Macht anfängt? Das besorgt er wohl lieber selber.

Mit Vorliebe sitzt der Volksvertreter B. in Kommissionen, die militärisch-ballistische Dinge betreffen: Rüstungsreferendum, Finanzplanung im Militärdepartement, Rüstungsmoratorium, Waffen- und Munitionsgesetz, Ausfuhrverbot für Kriegsmaterial, Handel mit Waffen, vollständiges Verbot von Waffenexporten. Und da er ein Unternehmer ist, der nicht aus der Zeit stammt, wo das Pulver erfunden wurde, sondern wo es gebraucht wird, muss er sich bei diesen Vorlagen gefragt haben: Soll ich jetzt für mein Volk stimmen, das an der Forterhaltung seiner Art interessiert ist, folglich an der weltweiten Verbreitung von Waffen kein Interesse haben kann, oder soll ich für meine Firma stimmen, die Patvag Technik AG, eine Tochterfirma der Chemie Holding Ems, die Zünder produziert für Artilleriegeschosse und Zündsysteme (komplett) für Raketen und Granaten, «die weltbesten Zündpillen», wie sich ein Branchenkenner ausdrückt?

Während des Golfkriegs wurde Blocher vorgeworfen, indirekt über den schwedischen Rüstungskonzern Bofors Zünder für Lenkwaffensysteme in den Iran geliefert zu haben. Auf die Frage einer Journalistin, ob ihn an diesem Rüstungsgeschäft gar nichts störe, antwortete Blocher: *Doch: die strenge Waffenausfuhrgesetzgebung der Schweiz. Sie schränkt ein, ist heuchlerisch, und das ist störend. (...) Wir haben nichts nach Iran geliefert, sondern an Bofors. Nun wird behauptet, Produkte von uns seien nach Iran gegangen. Das wäre bedauerlich. Aber da die Gegner letztlich jede Waffenproduktion verhindern wollen, bin ich bald soweit zu sagen: Selbst wenn der Bereich Verluste brächte, würde ich weiterproduzieren, um dieser Tendenz Gegensteuer zu geben.*

Oder was dachte er als Präsident der Kommission über Restwassermengen? Da müssen ihn die zwei Herzen in seiner Brust arg gestochen haben: Soll er dafür sorgen, dass möglichst viel Wasser in den Bergbächlein sprudelt, oder dafür, dass es die Turbinen seiner Wasserkraftwerke in Bewegung bringt? Ein Kommissionsmitglied hat B. im Rat noch sanft daran erinnert, dass es redlich gewesen wäre, wenn er seine persönlichen Interessen offengelegt hätte, wie es das Gesetz vorschreibt. B. findet, das sei dummes Zeug. Er habe keine *massiv direkten Interessenbindungen* offenzulegen als Kraftwerksbesitzer.

Was geschieht, wenn ein Teil des Volkes unserem Volksvertreter B. über den Weg läuft? Am 20. Juni 1990 ereignete es sich, dass einige Jugendliche aus dem Volk von ihrem Recht Gebrauch machten, auf der Zuschauertribüne des Nationalratssaales die Debatten mitzuverfolgen. Sie scheinen rege Anteil genommen zu haben, denn nach der Abstimmung gerieten sie in Unruhe und machten sich be-

merkbar. Die Sitzung wurde für zehn Minuten unterbrochen. Nationalrat B. verlangte anschliessend die Erlaubnis zu einer Erklärung:
1. Ich frage mich – auch wenn es solche gibt, die es lustig finden, Herr Z. –, ob es richtig ist, dass ein demokratisch gewähltes Parlament durch Tumult gezwungen werden kann, seine Sitzungen zu unterbrechen. 2. Ich mache Sie darauf aufmerksam, dass das die Anfänge sind – das zeigt die Geschichte eindeutig – für den Niedergang der Demokratie. 3. Ist es richtig, dass wir nichts vorbereitet haben, um zum Schutze der Demokratie solche Fälle abzustellen? (...)

Abstellen möchte er sie am liebsten. Das ist merkwürdig. Da taucht sein Volk einmal auf, und er will es *abstellen*. Wir vermuten, dass sein Volk anders aussieht als das in Bern auf der Zuschauertribüne. Im Parteiprogramm der Zürcher SVP lesen wir noch: «Die SVP unterstützt alle Bestrebungen, um das Verantwortungsbewusstsein der Jugend zur Mitarbeit in der Gesellschaft zu fördern. Die Jugend soll mit ihren Ideen fruchtbar in die Politik der ‹Grossen› integriert werden.» Fruchtbar wird zuweilen furchtbar verwendet. Unter einer fruchtbaren Integration stelle ich mir etwas vor, was nicht hierhingehört.

Wäre es da nicht einfacher, frei nach Brecht, er löste das Volk auf und wählte ein anderes?

Im März 1993, als unsere Volksvertreterinnen und Volksvertreter eine Bundesrätin wählten, standen Tausende von Frauen vor dem Palast der Volksvertreter und machten Druck. Eine über Nacht aufgebaute Abschrankung trennte das Frauenvolk von ihren Volksvertretern (eher Männervolk). Wahrscheinlich wollte man so die Frauen *abstellen*. Es soll das Wort von der Strasse gefallen sein im Saal. Eine mutige Frauenvolksvertreterin (Judith Stamm) sagte: «Vor der Türe des Bundeshauses steht nicht die Strasse; vor der Türe des Bundeshauses steht der Souverän.»

Vom Geheimnis der Führung

Blocher bekämpft Eingriffe des Staats in die Wirtschaft, aber wenn es um *die Handhabung von Ruhe und Ordnung – worüber heute viele Nichtsahnende und Intellektuelle hochnäsig lächeln* – geht, kann er nicht stark genug polizeilich oder sogar militärisch aufmunitioniert sein. So forderte im Zürcher Gemeinderat die SVP-Fraktion berittene Polizeipatrouillen in der Stadt, und Blocher wollte Militär zur Bewachung von «Notgefängnisplätzen». Er weiss, dass autoritäres Durchgreifen der eigenen Beliebtheit nicht schadet. Ein Grossteil seiner Anhänger bejubelt ihn als einen Mann, der sich etwas traut und zu seiner Meinung steht. Ein rüder Umgang mit den Gegnern ist Bestandteil seiner Selbstinszenierung.

Hans K., zwanzig Jahre lang Zürcher SVP-Kantonsrat und Bauer, hat Blochers politischen Aufstieg miterlebt, und er mag Christoph Blocher. Hören wir ihm zu, warum. Er habe ihn immer sehr geschätzt im Rat wegen seiner «geraden Meinung», habe in diesen zwanzig Jahren weiss Gott gesehen, wie da viele einfach die Meinung wechseln, aber das sei bei B. überhaupt nicht der Fall, der traue sich, seine Meinung zu vertreten. Was im Zusammenhang mit dem EWR geboten worden sei, das nenne er Rufmord, Sachen seien dem B. da untergeschoben worden, weil man ihn kaputtmachen wollte, weil er unbequem gewesen sei, und B. sei doch der, der Erfahrung habe mit dem Ausland, der wisse doch, wie's da draussen so tut.

Wenn er sehe, an diesen Delegiertenversammlungen der Partei, man merke das, seit B. dabei sei, kämen mehr Leute, das Albisgüetli sei immer gestopft voll. Das sei jeweils ein Volksfest, da lerne man Kollegen aus dem ganzen Kanton kennen. B. gebe der Partei «Punch» und Zusammenhalt, er sei wie ein «Familienvater»: Jetzt machen wir dies, jetzt machen wir das. Führereigenschaften seien eben angeboren.

Hören wir, was Blocher uns über Führung zu erzählen hat. Das Armierungsnetz seiner Führertheorie ist die Unterordnung: *Unterordnung ist aber eine sozusagen naturgegebene Voraussetzung zum Leben überhaupt*, sagt er und meint damit, dass sich Unternehmer, Angestellte und Arbeiter gleichermassen den *Grundgegebenheiten des Menschen* unterzuordnen hätten. Was sind diese Grundgegebenheiten? *Wir machen Gesetze für die Lebenswirklichkeit, und das sind die Marktgesetze.* Da hat er es uns aber gesagt.

Führen war schon immer etwas Undankbares, sagt er. Das ist ein ungeheuerlicher Satz. Was will er noch? Dass wir vor ihm auf die Knie gehen? Dass wir ihm die Schuhe küssen? Dass wir Untertanen uns entschuldigen, dass wir nicht seine undankbare Aufgabe selber übernehmen? Warum zieht er sich nicht zurück, auf sein Schloss zum Beispiel? Er kann nicht. Die Krise nagt. Und überall diese *Führungsleute* in Parlament und Regierung, die *von innerem Zerfall* zerfressen seien.

Eine Folge dieser Entwicklung ist, dass man starke, eigenständige Persönlichkeiten nicht mehr zu ertragen vermag – deshalb wohl der Mangel an profilierten Persönlichkeiten in unserer Zeit. Man erträgt es auch nicht mehr, wenn Leute klar Stellung beziehen, wenn Leute klare Meinungen, klare Standpunkte zum Ausdruck bringen, wenn Leute sich eindeutig zu einer Richtung bekennen. Man bekommt ein gespaltenes Verhältnis zur Macht, man vermag Macht nicht mehr zu ertragen. Das ist nichts anderes als ein Plädoyer für Elite-Politiker. Natürlich könnte man Berufsparlamentarier haben wie in Deutschland, die professionell politisieren, dann hätte er seine starken Figuren, aber dagegen ist er ja auch.

«Und gerade darum wage ich zu behaupten: Woran es unserer Zeit mangelt, das sind die senkrechten Soldaten vom alten Schrot und Korn. An Schaumschlägern herrscht Überfluss, an Männern Mangel. Denn zum Manne gehört die Kraft der Überzeugung und der Mut, dieser Überzeugung Nachachtung zu verschaffen.» Das hat nicht Blocher geschrieben, sondern ein anderer Schweizer: Nationalrat Dr. James Schwarzenbach.

Offensichtlich ist auch, dass das Volk geführt werden muss (weil es dumm ist und es einen braucht, der klug ist?): *Ohne klare Marsch-*

richtung ist in einer derartigen Umbruchsituation ein Überleben nicht möglich. (...) Nur dann findet auch das Volk seine Orientierung. Das ist eine ziemliche Unterschätzung des Volks, das seine Orientierung vielleicht auch anders finden kann, und eine Überschätzung der Politiker als so eine Art Leithammel. Aber es wird klar: Die Elite soll dem Volk vorgeben, wo es langgeht. Und es wird klar, wie die Rettung heisst: Blocher.

Das Volk erkennt, dass es von niemandem mehr wirklich geführt wird, dass niemand mehr umsichtig für das Wohl des Volkes besorgt ist, dass sich niemand mehr wirklich für die Interessen des Volkes einsetzt. Dies sind gefährliche Momente, weil – wie die Geschichte schon oft gezeigt hat – aus solchen Unsicherheitssituationen heraus Figuren emporkommen können, Figuren mit einem gewissen oder auch nur scheinbaren Charisma, das Ordnung ausstrahlt, Lösungen präsentiert, Entschiedenheit demonstriert und ausstrahlt und klar Stellung nimmt. Allein durch dieses scheinbar konsequente Auftreten können solche Figuren unversehens einen grossen Zulauf erfahren, ohne dass klar ist, was sie wirklich zu leisten imstande sind, auf welchem Boden sie wirklich stehen. Und er erinnert an Hitler und nicht daran, dass die Beschreibung, die er eben geliefert hat, wortwörtlich auf ihn selber zugeschnitten sein könnte.

Er fährt weiter: *Gerade deshalb ist es angesichts der jetzigen Entwicklung von ganz besonderer Bedeutung, dass auch in unserem Land Persönlichkeiten, Politiker auftreten, die Führung ausstrahlen, von denen das Volk weiss, dass man sich an ihnen halten kann. Den Massstab, ob eine solche Persönlichkeit tatsächlich mit ehrlichen Absichten auftritt, kann man mit der Frage anlegen, welchen Preis eine Persönlichkeit zu bezahlen bereit ist, wieviel an Verunglimpfung, an Verleumdung durch die Medien sie auf sich nimmt, dem wird der Respekt des Volkes zuteil.*

Jörg Haider, Rechtsaussen-Politiker in Österreich, bedient sich neustens derselben Methode, indem er in die Offensive geht und schreibt, die Last der Ausgrenzung und der Verschmähung auf sich zu nehmen, weil es «dem Vaterland guttut».

Aus der anfänglichen Warnung vor Führerfiguren ist ein Plädoyer für den «guten» Führer geworden, und das einzige Kriterium, einen solchen zu erkennen, ist ein moralisches: Ehrlichkeit. Zu dessen

Bestimmung hat Blocher eine neuartige Messmethode erfunden: den Grad an Verunglimpfung in den Medien. Er weiss natürlich, dass ein populistischer Stil in den Medien angegriffen wird, aber wahrscheinlich weiss er auch, dass die Medien solche Figuren brauchen, dass er also oft in den Medien wird auftreten können, weil die Politik immer mehr zur Unterhaltungsindustrie verkommt. Wen wundert es da noch, wenn ein Redaktor einer grossen Schweizer Tageszeitung auf den Vorwurf, jeden Blocherfurz untertänigst zu protokollieren, zur Antwort gibt: Wenn halt ein Tier auftauche mit drei Beinen, könne man sich nicht genug satt schreiben daran. Und unsere meistverbreitete Tageszeitung im Land zeigte, als Blocher einmal für längere Zeit nicht öffentlich auftauchte, mit folgender Frage, über welch journalistischen Weitblick sie doch verfügt: «Wo ist Christoph Blocher?» Blocher attackiert zwar die Medien, aber als populistischer Politiker lebt er von ihnen und sie von ihm. Das nennt man eine Symbiose.

Dass Blocher im Nationalrat die (verfassungswidrige) Geheimarmee P-26 verteidigte, wundert keinen mehr, denn auch im Innern muss geführt werden. Aber er kämpft nicht mit Argumenten, sondern so: *Diese neurotischen Ausfälle, weil es gewisse Bereiche gegeben hat, die geheim waren – Bereiche, die nicht allen offenstanden –, kann ich wirklich nicht begreifen. (…) Wer schon geführt hat – es gibt ja ein paar Menschen, die das schon getan haben –, weiss, dass Fehler zum Vorschein kommen müssen, wenn man einen Bereich, in dem man zehn Jahre lang etwas tat, durchleuchtet. (…) Es kommen jetzt Leute und gehen wie alte Nähschul-Tanten hin und sagen uns von morgens bis abends, wie wir unsere «Lismete» in Ordnung bringen können. Die wollen uns sagen, wie man diesen Bereich hätte führen sollen.* Für Blocher ist das keine Frage der demokratischen Kontrolle, die er sonst so oft beschwört, sondern eine Frage der Führungskunst. *Diese wehleidige Klage hier von Leuten, dass sie in den letzten Jahren in der politischen Auseinandersetzung bekämpft und angegriffen worden seien. (…) Also dieses wehleidige Spiel …* Bundesrat Villiger gibt er den Rat, gar nicht mehr hinzuhören, *was jetzt alle diese Kritiker sagen,* und *diese Zeitungen nicht zu lesen und nicht fernzusehen (…). Denn das macht einen einfach unsicher, wenn man immer sieht, was geschrieben wird.* So so.

Auch Bruder Gerhard Blocher äussert sich manchmal zu Führungsfragen, zum Beispiel in der «Allgemeinen Schweizerischen Militärzeitschrift» oder in der «Neuen Zürcher Zeitung», aber nicht in einer Adventsansprache, sondern im betriebswirtschaftlichen Teil dieses Blattes. Da predigt er in verblüffend ähnlicher Weise wie Bruder Christoph im weltlichen Bereich über die Führung. Dass der Zustand der Kirche schlecht sei, da mag man noch zustimmen, aber Pfarrer Blocher weiss auch, warum: «Die Schuld liegt allein bei der Kirche selbst, und zwar in ihrer Führungsschwäche. Es gibt kein schlechtes Kirchenvolk, und es gibt auch keine für die Kirche ungünstigen oder gar schlechten Zeitverhältnisse. Es kann nur an der Führung liegen, wenn die Kirche in einem schlechten Zustand ist.» Pfarrer Gerhard Blocher analysiert die Kirche wie einen Betrieb, der Politiker Blocher analysiert die Gesellschaft wie einen Betrieb – und zwar immer von oben herab. «Die Liebe, die nur in Gestalt der Autorität und damit in Ausübung tatkräftiger Führung geschehen kann, ist das Schwerste, was es gibt. (...) Führen ist schwer. (...) Die scheinbar grundsätzliche, ideologisch begründete Abneigung gegen alle ‹Führung› hat ihren wahren Grund wohl in der gegenwärtigen Unfähigkeit, Leiden zu ertragen und Opfer zu bringen.» Das könnte wortwörtlich auch aus dem Munde Christoph Blochers stammen. Und wenn Hauptmann und Feldprediger Gerhard Blocher über soldatische Disziplin spricht und wieder einmal Disziplin mit Kadavergehorsam verwechselt, dann tönt das so: «Die Disziplin hatte für uns – bei aller Widerwärtigkeit natürlich – letztlich etwas Schützendes, Bergendes, ja fast Liebevolles, für das wir im Grunde dankbar waren. (...) Der ängstliche und zaudernde Soldat kann nur durch den klaren Befehlston sicher geführt und so der für ihn notwendigen Geborgenheit teilhaftig werden.»

Geschichte als patriotisches Schmiermittel

Blocher braucht die Geschichte. Aber die Geschichte gibt es nicht. Es gibt nur die Geschichten, und die müssen wir zuerst freigraben. Welche Geschichten die besseren sind, das heisst uns etwas über das Heute erzählen, darüber sollten die Argumente entscheiden. Aber diese Funktion von Geschichte, zum Beispiel aus den Lehren der Vergangenheit etwas über unsere Gegenwart zu lernen, sie besser zu verstehen, die hat Blocher nicht im Sinn. Über einen Nationalrat und Historiker hat er im Parlament gesagt: *Er hat sehr schöne Bücher über unsere Geschichte verfasst. Ich würde es aber mehr schätzen, wenn er sich vermehrt der Geschichte als der Gegenwart (...) annehmen würde.* Geschichte hat für ihn nichts mit der Gegenwart zu tun. Die Historiker sollen in ihrem Reservat hockenbleiben und sich nicht in die Politik einmischen, die für andere reserviert ist. Geschichte als Erbauung, feinbeschuht und patriotisch gewichst, im besten Falle im Feuilleton nachzulesen, am Wochenende, am Montag geht es wieder ab in die Gegenwart (und Realität).

Blocher hält sich lieber an die Sagen und Mythen von Bundesbrief, Rütli, fremden Richtern und Vögten und Wilhelm Tell, da muss man nicht argumentieren, da zählt nur der Glaube: *Und doch – wie läppisch ist es, schulmeisterlich verkünden zu wollen, dies alles sei ja gar nicht so gewesen oder zumindest nicht bewiesen. Wer so spricht, kann den Wert der Sage und der Geschichte nicht mehr ermessen! Auch Tell und der Rütlischwur sind wahr. Aber ihre Wahrheit liegt über der Beweisbarkeit.* Ein Konservativer argumentiert nicht, er glaubt.

Gefährlich wird diese Gläubigkeit, wenn Blocher historische Vergleiche anstellt und zum Beispiel historisch hochradioaktives Material in seine Reden einbaut – etwa das Wort *Anschluss*, das für den Anschluss Österreichs an Nazideutschland steht und aus der Werbetrommel der Nazis stammt. Hinter der *Abwertung der Schweiz* stecke *Bedenklicheres als nur alberne Mode*, verkündete Blocher an der Albisgüetli-Tagung von 1992, *Unsicherheit, Schwäche, Unselbständigkeit, Minderwertigkeitsgefühl, vor allem aber die Unfähigkeit, die Probleme im eigenen Land aus eigener Kraft zu lösen. Deshalb sucht man lieber den Anschluss an andere.* In seiner rund 85'000mal verkauften EWR-Broschüre bringt er es fertig, die EWR-Befürworter in die Nähe der landesverräterischen Frontisten der dreissiger Jahre zu stellen: *Wie immer, wenn sich um die Schweiz herum eine Machtballung von Staaten oder Staatsgebilden abzeichnete, wurden (...) Rufe der Anpassung laut. Und vielfach waren es eben gerade «führende» Leute aus Wirtschaft und Politik, die dann zum Anschluss an dieses oder jenes Staatsgebilde aufriefen.* So nebenbei hat er das Wort Anpassung übertüncht und Anschluss draus gemacht. In einem Interview mit dem welschen Journalisten Jacques Pilet in der «Finanz und Wirtschaft» von April 1992 antwortete Blocher auf diesen Vorwurf: *Ich vergleiche die EG nicht mit vergangenen Imperien, aber die Idee des europäischen Grossreichs war all diesen Imperien inhärent. Das Wort Anschluss ist geschichtlich vorbelastet. Darum verwende ich es nie.* Er lügt.

Ziemlich tief in die Geschichtskiste griff auch Ständerat Hans Uhlmann, der Präsident der Schweizer SVP. Die Medien waren es, die er glaubte im Strudel des EWR-Kreuzzuges geisseln zu müssen. Er tat dies mit folgenden Worten: «Ich möchte da an die zwanziger Jahre in Deutschland erinnern, die sogenannte Hugenberg-Presse, die eine besondere Situation keimen liess.» Was denn hat sie keimen lassen? Alfred Hugenberg (1865 bis 1951) war ein Industrieller, antirepublikanisch und militaristisch, seit 1928 Vorsitzender der reaktionären «Deutschnationalen Volkspartei» und Besitzer eines der mächtigsten Medienmonopole, das Deutschlands Meinung je beeinflusst hat (Provinzzeitungen im Multipack, Berliner Zeitungen, Zeitschriften, die Ufa, Deutschlands grösste Spielfilm- und Wochenschau-Firma). Hugenberg bekämpfte damit die Demokratie, den Sozialismus und den Pazifismus und hielt Hitler den Steigbügel. Hans Uhlmann entschlüpfte dieser Vergleich nicht spontan (was ihn auch nicht entschuldigen würde), sondern im vorbereiteten Teil einer Pressekonferenz. Er hat dafür die volle Verantwortung zu tragen, denn er ist nicht nur Hans, sondern auch Uhlmann, der Chef einer

Regierungspartei. Was nützt es da, wenn er nachher, auf Druck der Bundeshausjournalisten, öffentlich bedauert? Die diesen Schmutz sehen wollen, haben schon begriffen.

Wen wundert es da, wenn einem Blocher-Fan, im Fernsehen befragt, was ihm zur EG in den Sinn komme, das Wort «Endlösung» über die Lippen schleicht?

Blochers Geschichtsbuch ist nicht nur mythenzentriert, sondern auch personenzentriert. So kann er psychologisieren und seine Führertheorie damit verbinden. Churchill ist einer, den er öfters zitiert, aber nur den Spruch mit dem Schweiss, dem Blut und den Tränen. Friedrich den Grossen zitiert er auch gerne, denn der soll gesagt haben: «Wer viele Affen um sich hat, der wird auch oft gebissen.» Vorbilder sind auch General Guisan und Jelzin, den er wahrscheinlich nicht seiner politischen Überzeugung wegen verehrt, sondern wegen seiner Biographie: *En Chaib wo aneschtoot*, hat er an einer Versammlung gesagt. Blocher tut, was alle Bildungsbürger tun, wenn es langweilig wird: ein Zitat (sogenanntes Bonmot) einstreuen. Morgenstern, den er auch zitiert, würde seinen eigenen Humor verbrennen, wenn er das wüsste.

Die Schweiz sei ein *Sonderfall: Wären wir nicht ausgesprochen froh, wenn es mehr Politiker gäbe, die wirklich etwas Besonderes sind? Jeder, der wirklich eine Persönlichkeit ist, darf doch für sich in Anspruch nehmen, etwas Besonderes, ein Sonderfall zu sein; und durch solche Persönlichkeiten wird doch auch unsere Schweiz zum echten Sonderfall.* Aus dem Staat wird ein Mensch, ein kollektives Über-Ich, Blocher wird ganz metaphysisch und redet von der *Persönlichkeit eines Staates*, die mit moralischen Kategorien behandelt wird: *Muss man sich denn schämen, ein Sonderfall, etwas Besonderes zu sein?* Diese Auffassung vom Staat als einer Persönlichkeit gibt konservativen Historikern die Möglichkeit, über die «Identität» der Schweiz zu fabulieren. Und Blocher ergreift die Gelegenheit, *die mangelnde Identifikation der führenden Politiker mit dem eigenen Land* vorzuwerfen, ihnen sogar *Verachtung des eigenen Landes* zu unterstellen.

Blocher will besondere Politiker. Damit meint er natürlich auch sich selber. Und er weiss, dass das Publikum nur in ihm dieses Besondere sehen kann. Ein bisschen Eitelkeit brauchen wir alle, das ist erlaubt, aber hier verwechselt er «besonders» mit «auffällig». Brauchen wir besondere Politiker? Überschätzen wir da nicht unser Parlament? Sind die Besonderen nicht da, wo wirklich Politik gemacht wird, nämlich hinter den Kulissen? Die Politiker sind auch nur Menschen wie die Bundesräte auch, und, so vermuten wir, sie tun nur ihr Bestes. Aber es ist verdächtig, etwas zugunsten von Behörden oder Politikern zu sagen. Blocher schimpft lieber, und wer schimpft, hat immer recht. Glücklich das Land, das Helden hat im Parlament? Müssen wir nicht das Land beneiden, das keine Helden braucht?

1992 stellte Blocher seine Albisgüetli-Rede unter den Titel *Anpassung und Widerstand* und sagte: *Ein weiteres Mal in der Geschichte unseres Landes ist überall von «Anpassung» die Rede*. Damit nimmt er ein Schlagwort der Geschichtsschreibung auf, das die Diskussion um die Rolle der Schweiz im Zweiten Weltkrieg bis noch vor kurzem dominiert und blockiert hat. Entweder Anpassung oder Widerstand. Dazwischen gibt es nichts. Es gab aber etwas dazwischen, nämlich viele braune Ideen, die deshalb noch nicht nationalsozialistisch sein mussten (zum Beispiel Bauernführer Laur). Dieses Entweder-Oder werde zur *Schicksalsfrage*, sagt Blocher. Denn er denkt auch so: Entweder bist du Patriot oder Verräter. Entweder gehörst du zum Volk oder zum Establishment.

Auch im Abwehrkampf gegen die Uno hat Blocher mit der Geschichte geschäkert: *Der frühere Völkerbund stand den politischen Krisen seiner Zeit hilflos gegenüber. Weil man dem Völkerbund die Rolle eines Friedens- und Versöhnungsmagiers gab, blieben Staaten wie England und Frankreich in ihrem Handeln gegen Hitler und Mussolini unschlüssig und flüchteten in einen vagen Pazifismus. Das führte dann zum Zweiten Weltkrieg*. Auch das ist ein ungeheuerlicher Satz. Die Pazifisten entfesseln Kriege. Nicht die Hitlers und Mussolinis. Es sind immer die Führer, die Kriege entfesseln, die unten haben kein Interesse daran. Es sind immer die Führer, die sich in den Führerbunkern verstecken, die unten sind das Artilleriegranatenfutter. Es stimmt nicht, dass wir andere Führer-Stiefel brauchen, wie Blocher das behauptet. Wir brauchen gar keine Stiefel.

Propaganda als Mittel zur Selbstinszenierung

Was würde man zum Beispiel über ein Plakat sagen, das eine neue Seife anpreisen soll, dabei jedoch auch andere Seifen als ‹gut› bezeichnet? Man würde darüber nur den Kopf schütteln. Genau so verhält es sich aber auch mit politischer Reklame.
Adolf Hitler, «Mein Kampf»

Dieses Land, zumindest seine offizielle Stimme, macht es Blocher einfach. Oder sollen wir uns wundern, wenn anlässlich der 700-Jahr-Feier der Eidgenossenschaft ein ganzes Volk patriotisch abgefüllt wird, dass dann einer kommt und dieses Surrogat nur noch abzuzapfen braucht? Es schlägt jetzt dumpf zurück, dieses Monsterfest.

Blocher füllt überdies ein politisches Vakuum in der Schweiz, die seit spätestens Ende der achtziger Jahre in einer gesellschaftlichen Krise dümpelt (nicht einer wirtschaftlichen, ich meine auch die inwendige). Er hat diese Wilhelm-Tell-Identitätskarte, die wir da verpasst gekriegt haben, nur noch zu kopieren brauchen. Die EWR-Befürworter haben es ausserdem verschlafen, die berechtigten Bedürfnisse nach Tradition, Heimat und vertrauter Umgebung ernst zu nehmen. Die EWR-Gegner als Hinterwäldler abzutun ist genauso dumm, wie die Gegner zu Verrätern zu stempeln. Blocher kommt das sehr zupass: Er ist kein Mittelfeldspieler.

Christoph Blocher scheint mittlerweile für viele zu einem Politiker mit diesem gewissen unerklärlichen X geworden zu sein. Dieser Typus läuft unserer politischen Kultur ziemlich zuwider, weshalb er selten ist. Und er feuert jetzt, was das Zeug hält. *Sie verhalten sich so vollständig angepasst, dass sie selber kaum mehr registrieren, dass sie ununterbrochen nur noch Gemeinplätze, allgemeine Weisheiten und Leerformeln schreiben, schwatzen und nachplappern.* Damit meint er unsere Politiker. Er greift nicht Namen an, sondern gleich eine ganze Berufsgruppe. Er kratzt tief in unserer Hirnrinde. Er holt unsere Kollektivressentiments hervor, denn Blocher ist ein sehr intuitiver Mensch. Blocher mag die Theoretiker nicht, er mag solche, die «keine grossen Theorien und Utopien verbreiten, sondern klare Entscheide treffen und realisieren» (SVP-Parteiprogramm ZH, 1987). Und behauptet damit, dass Geist und Tat sich ausschliessen wie Tag und Nacht, dass der Zweifler immer nur ein Verzweifler sei. Hier redet der Manager, auch den Offizierston hören wir heraus, und unterirdisch fliesst dicker konservativer Klärschlamm.

Wer einen Blick wirft auf die heute führenden Kreise der schweizerischen Politik, wer deren Marschrichtung verfolgt und zu beurteilen versucht, der bezeichnet diese Politik spontan als richtungslos, unentschlossen, orientierungslos. (...) Ich bin seit 1979 Mitglied des Nationalrates. In diesen elf Jahren ist nicht eine einzige Lösung erarbeitet worden, die in der Realität tatsächlich zu bestehen vermag. Starke Worte sind das, die den Vergleich mit jeder Demagogie aushalten. Er macht sich die Psychologie des Hammers zunutze, er hämmert, bis wir es glauben oder uns erschiessen.

Schauen wir, wie er das macht, wie er zum Beispiel an einer Parteiveranstaltung eine *politische Standortbestimmung* durchführt. Den Ton, die Lautstärke, die Pausen – man muss hören und sehen, wie er das macht.

Schon wie er erscheint. Blocher betritt den Saal, oder besser, er nimmt ihn in Empfang, der Saal klatscht aus allen Ritzen, obwohl Blocher noch gar nichts gesagt hat. Dem Klatschen voran geht ein dumpfes mehrstimmiges Geräusch, wie wenn hundert Feuerzeuge um Sekundenbruchteile verschoben auf den Tisch fielen. Es sind aber keine Feuerzeuge, sondern SVP-Zündholzschächteli, SVP-Filzstifte, SVP-Notizblöckli, SVP-Flaschenöffner und SVP-Schlüsselanhänger mit der Aufschrift: «Taten statt Theorien». Mein Tischnachbar schleppt einen ganzen Plastiksack von diesem Zeug nach Hause.

Jetzt spricht er. Aber nicht wie ein Mensch, sondern wie ein Sportreporter: «Rezession-gibt-es-immer-wieder-immer-wieder-immer-wieder-1995-geht-es-wieder-bergauf-und-besser-sein-als-die-andern-Es-gibt-Leute-die-führen-sich-auf-wie-kleine-Diktatoren-Wir-treten-auch-ein-zweites-Mal-an-Asylmissbrauch-Asylkriminalität-Unabhängigkeit-Neutralität-Demokratie-Marignano-Wir-müssenauf-der-Hut-sein-Ich-bin-der-Knecht-meiner-Wähler-und-EWEE-ÄRR-so-nicht! EWEEÄRR-so-nicht!»

Es gibt stille Politiker. Es gibt laute Politiker. Die lauten sind die berühmten.

B. nützt eine sogenannte Marktlücke aus. Das politische Geschäft wird immer komplizierter. Und er nutzt die Tatsache aus, dass auch die Politiker zu Spezialisten geworden sind: Es diskutieren die immer gleichen Politiker mit den immer gleichen Fachleuten über die immer gleichen Sachfragen. Es ist schwierig, den Wählerinnen und Wählern überhaupt noch zu vermitteln, worum es geht. Aber, und das ist das Entscheidende, er nutzt den Umstand aus, dass am Anfang jede Partei so tut, als sei ihr Stall der einzig saubere. Am Ende treffen sie sich irgendwo in der Mitte. So läuft das. Aber das stinkt natürlich, die Parteien wirken chronisch unglaubwürdig, weil sie am Ende in der Mitte stehen und nicht mehr in ihrer Ecke. Das macht unsere Politik langweilig. Und hier setzt der Populist an: Er will alles oder nichts. Kompromisse lehnt er ab und lacht über die, die es anders machen.

«Was langweilt Sie?» fragte ihn eine Zeitung. *Parlamentsdebatten*, antwortete Blocher, *das viele Schwänzen ist nicht vorbildlich von mir, aber ich halte die Langeweile der Debatten oft nicht aus.* Wenn er nicht gerade sein unterhaltendes Kontrastprogramm sendet, und das kann er beim besten Willen nicht das ganze Jahr über, dann wird es ihm langweilig. Der «Tages-Anzeiger» zählte Ende 93, dass Blocher in der laufenden Legislaturperiode an 54 von 121 Sessionstagen nicht anzutreffen war. Das ist nichts anderes als Verachtung der liberalen Diskussion, Verachtung für solche, die sich mit den Argumenten des politischen Gegners auseinandersetzen, also auch weniger schnell entscheiden. Es ist keine Kunst, diese Spielregeln zu verletzen und aufzufallen. Und er weiss auch, dass einige Medien Köpfe wollen, nicht Köpfchen.

Warum will er uns das Brot nur auf dem Tisch zeigen und nicht, wie es gebacken wurde? Sind wir zu dumm zu verstehen, was er versteht? Ja sagen, erklärt uns Blocher, sei schliesslich, das wisse man schon von der Kindererziehung her, leichter als nein sagen. *Nein sagen zu einem schlechten Vorschlag, zu einer schlechten Lösung – das heisst doch immer auch ja sagen zu etwas Besserem!* Das stimmt nicht. Wer nein sagt zu einer faden Suppe, hat damit noch keine bessere auf dem Tisch. Nein ist eine Verweigerungshaltung. Blocher verwischt die Unverträglichkeit zwischen einem Liberalismus und einem autoritären, konservativen Nationalismus, indem er seinen Kampf gegen Bürokratie, Staat, Linke, politische Klasse als liberales Anliegen ausgibt. Abschaffen ist kein Ausweis für Liberalität. Entscheidend ist, was an die Stelle des Abgeschafften treten soll.

Erste und wichtigste Lektion der Blocherschen Propaganda: Du existierst nur, wenn du in der Öffentlichkeit existierst. Das gilt auch für seine Inserate-Kampagnen, die wie Mähdrescher daherkommen und in der gedruckten Presse wie auch auf der Strasse kaum zu übersehen sind. Unvergesslich das als «Messerstecher-Inserat» in die Werbegeschichte eingegangene Inserat vom November 1993, das behauptete: «Das haben wir den Linken und den ‹Netten› zu verdanken: Mehr Kriminalität, mehr Drogen, mehr Angst.» Gezeichnet eine Frau, die von einem Messerstecher bedroht wird. Das Inserat, das bis zum Bundesrat hinauf besprochen wurde, verletzte vor allem deshalb, weil zur gleichen Zeit in einem Zürcher Vorort eine junge Frau von einem Gewaltverbrecher während seinem Hafturlaub ermordet worden war. Dieser Bezug zum Mordfall war gewollt, auch wenn das Inserat schon vorher produziert worden war, es wurde nicht zurückgezogen. «Wir hätten das Inserat stoppen können, aber wir haben uns gesagt, wir müssen die Realität zeigen», sekretierte SVP-Parteisekretär Hans Fehr.

Sogar zürcherische SVP-Bezirksparteien distanzierten sich von dieser Kampagne, auch der SVP-Chef Uhlmann. Bundesrat Stich zeigte Format und sagte seinen Auftritt an der Albisgüetli-Tagung vom Januar 1994 ab, ausser, Blocher würde sich entschuldigen. Das tat er aber nicht. Das Inserat sei *ein Fehler in der Lagebeurteilung* gewesen und diesen Fehler nehme er auf seine Kappe, er versprach, das Inserat werde nicht mehr erscheinen, es sei am ersten Erscheinungstag gestoppt worden. In derselben NZZ-Ausgabe (24.11.93), wo wir das nachlesen können, springt es uns zwei Seiten später entgegen.

Dafür gibt es zwei Erklärungen: Blocher ist nicht Herr der Lage und kontrolliert seine PR-Agentur nicht. Oder aber er lügt. H. R. Abächerli Werbeagentur BSW, der den Diminutiv als Ausgleich zu seinem superlativen Beruf im Namen trägt, Blochers Propagandamanager seit 1977 (in diesem Jahr wurde Blocher Präsident der Zürcher SVP), sagte dazu der «Weltwoche»: «Die Kampagne hatte einen Streuwert von weniger als 30'000 Franken. Die redaktionellen Beiträge, die sie auslöste, hätten, wären sie als Inserate zu bezahlen gewesen, über eine Million gekostet.» So geht das.

Nur einen Monat später enthüllte die «Rundschau» des Fernsehens DRS, dass die SVP Zürich in einer in den Zeitungen publizierten Grafik über Gewaltverbrechen nachweislich eine Kurve gefälscht habe und so den Eindruck erweckte, die Straftaten gegen Leib und Leben hätten genau ab 1990, der rot-grünen Wende in der Stadt Zürich, markant zugenommen. Das ist falsch. Die Kurve stieg schon seit 1988, als die Stadtregierung noch bürgerlich war. Blocher behauptete vor laufender Kamera, die Grafik sei in Ordnung. Seine Zahlen waren zwar richtig, doch die Umsetzung ins Bild war falsch.

Propaganda funktioniert wie die Werbung: Sie muss schocken. Und dieses Ziel hat die Zürcher SVP erreicht. Es ist klar, dass sich das abnützt, es muss immer noch ein bisschen mehr an der Schraube gedreht werden.

Im Zürcher Wahlkampf von 1991 bediente sich die SVP Methoden, die auch von den Nazis angewendet wurden. Vor den Gegnern der eigenen Drogenpolitik warnte sie so: «Achtung vor dem roten und grünen Filz!» Dazu gezeichnet zwei Läuse. Ergibt? Filzläuse. Filzläuse gelten als Tierchen, die mit Vorliebe in einer Etage des Menschen wohnen, von wo man sie möglichst schnell wieder loswerden will. Für die Hetzsprache der Nazis waren Vergleiche aus dem Tierreich üblich. Hitler setzte die Tiervergleiche als Kampfmittel vor allem gegen die Juden ein. Sie wurden als Schädlinge, Parasiten, Bazillen, Läuse und Blutegel bezeichnet. Auf die Frage, ob ihm bewusst sei, dass Filzlaus eine Lieblingsbezeichnung der Nazis für die Juden war, antwortet Abächerli BSW: «Interpretationen sind dem Leser überlassen.» Er verwechselt Interpretation mit Assoziation.

Auch die Zürcher SVP trägt Regierungsverantwortung, sie ist keine Oppositionspartei, sondern wesentlich an den Zuständen beteiligt, welche sie den Linken vorwirft. Während zwanzig Jahren, von 1971 bis 1991, stellte die SVP in Zürich den Polizeidirektor (Gisler, Stucki, Hofmann); auch in den Gerichten, den Strafverfolgungsbehörden und in den Gemeindepräsidien ist die SVP stark vertreten.

Jedes berühmte Fernsehtier hat seine eigene Show. Was ein richtiger Politiker sein will, so einer mit dem gewissen unerklärlichen X, der hat seine eigene Politshow. Franz Josef Strauß hatte sein Passau, Christoph Blocher hat seit 1989 sein Albisgüetli. So eine eigene Show hat Vorteile, zum Beispiel den des Heimspiels. Von der Sportpsychologie her ist bekannt, dass sich die Mannschaft auf dem eigenen Platz wohler fühlt und stärker, weil die eigenen Fans in der Überzahl sind. Und man fragt sich unweigerlich, warum sich jedes Jahr ein Bundesrat in dieses Schützenhaus begibt, wo ihm Blocher die Kutteln putzt.

Wie macht er das? Immerhin, die Menge scheint da regelmässig ausser Rand und Band zu geraten, Bundesrat Ogi darf Autogramme verteilen wie ein Rockstar, und der Chefprediger schafft es, die dreitausendvierhundert Beine im Saal zum Strammstehen zu bringen, zum Beispiel für eine Schweigeminute für *jene grossen Menschen, die diesem Land gedient haben.* Die grossen Worte des grössten Redners werden per Elektronik in ein nahes Zelt übertragen, der Saal mag den Ansturm nicht zu schlucken. Abrakadabra, wie macht er das?

Sind es nur der Braten mit Härdöpfelstock und Bohnen? Ist es das Alphorntrio Züriberg oder die Kavalleriemusik Zürich und Umgebung, die den Beinen den Marsch bläst, dass sogar ein musikalischer Gedankenstrich ins Schunkeln kommt? Ist es die reichhaltige Tombola? Zum Beispiel die Motorsäge, die an Pfarrer Gerhard Blocher geht, oder der Universal-Küchenmixer, der an den NZZ-Korrespondenten geht? Oder der Barpreis von tausend Franken, der ausgerechnet an Alt-SVP-Regierungsrat Konrad Gisler geht? Oder ist es der besonders originelle Preis, nämlich ein währschaft bäuerlicher Imbiss bei obgenanntem Alt-Regierungsrat? Oder eher die rassigen Damenschenkel der Majoretten, die tanzen gar graziös, einfach maximal. Und so stramm.

Die Folklorekönigin Maja Brunner sorgt dafür (Polonaise), dass das Fest auch wirklich, so der Folklorekönig, als *ein Zeichen politischer Urtümlichkeit und Glaubwürdigkeit und als Ausdruck von Lebenskraft* verstanden wird. Ein Kabarettist parodiert Kurt Furgler. Ein Landwirt sagt zu seiner Frau, er sei noch nie so stolz gewesen, einer so schlagkräftigen Partei anzugehören. Es ist bekannt, dass das sogenannte Gemeinschaftserlebnis bei gewissen Menschen ungemein kräftigend, ermutigend und aufbauend wirkt. Man fühlt sich im Rudel daheim. Einige sondern dabei sogar Zoten ab.

Ausser einfachen Parteimitgliedern ist auch viel Prominenz anwesend. Ein Bundesrat als Top-Akt (neben dem Super-Top-Akt), Regierungs-, Alt-Regierungs-, National-, Alt-National-, Kantons-, Gemeinde- und Stadträte, Bundesrichter und Oberrichter, Brigadiers und Divisionäre.

An der Albisgüetli-Tagung von 1994 war die Zürcher SVP aber unter sich. Keine Brigadiers, keine Divisionäre, nur Bundesrichter Karl Spühler und zwei Zürcher Regierungsräte, Bundesrat Otto Stich hatte abgesagt (wegen der «Messerstecher»-Kampagne), Blocher repetierte seinen Rosenkranz von Marignano bis Führung und Bürokratie, der Applaus eher mager, so mager wie das Schweinsschnitzel für vierzig Franken. Auch die von der Reservebank von Werner Vetterli als Ersatz für den Bundesrat aufgebotenen Stimmen aus dem Volk machten das Schnitzel nicht fetter: Ein zweiundzwanzigjähriger Jungpolitiker aus der FDP kopierte Dr. Blocher (viele bürgerliche Politiker hätten keine eigene Meinung), fand, die SVP hätte das Referendum gegen die Anti-Rassismus-Konvention unterstützen müssen (und neutraler Ernst legte sich um Blochers Mund). SVP-Nationalrat Ueli Maurer scherzte zum Nachbarn, man könne mit dem Freisinn wieder Hoffnung haben. Eher aus dem Saft des Volkes dann die Bergbäuerin aus dem Appenzell, der Saal freute sich, dass sie jetzt von vierzig Geissen auf sechzig Geissen aufstocken kann. Es war ein sauberes Fest. Der einzige Höhepunkt fand vor dem Saal statt. Eine Handvoll Jugendliche, wahrscheinlich Wohlgroth-Leute, wie eine Besucherin vermutete, wünschten die «SVP in Zürisee». Der interne Partei-Sicherheitsdienst wurde nervös und telefonierte der Stadtpolizei, die zwei Kombiwagen auffahren liess, dass auch für jeden Demonstranten ein Polizist zur Verfügung stand.

Christoph Blocher spielt bewusst auf der Klaviatur der Propaganda. In den Kommissionen zum Beispiel, versichern mir einige Parlamentarier, spricht er differenzierter und ausgewogener. Er könnte also auch anders.

Ein Propagandaexperte fasst uns nochmals die gängigen Rezepte seines Fachs zusammen:

«Ist Propaganda Mittel oder Zweck?

Sie ist ein Mittel und muss demgemäss beurteilt werden vom Gesichtspunkte des Zweckes aus. Ihre Form wird mithin eine der Unterstützung des Zieles, dem sie dient, zweckmässig angepasste sein müssen. (...)

An wen hat sich die Propaganda zu wenden? An die wissenschaftliche Intelligenz oder an die weniger gebildete Masse?

Sie hat sich ewig nur an die Masse zu richten! (...) Die Aufgabe der Propaganda liegt nicht in einer wissenschaftlichen Ausbildung des einzelnen, sondern in einem Hinweisen der Masse auf bestimmte Tatsachen, Vorgänge, Notwendigkeiten usw., deren Bedeutung dadurch erst in den Gesichtskreis der Masse gerückt werden soll. (...) so muss ihr Wirken auch immer mehr auf das Gefühl gerichtet sein und nur sehr bedingt auf den sogenannten Verstand.

Jede Propaganda hat volkstümlich zu sein und ihr geistiges Niveau einzustellen nach der Aufnahmefähigkeit des Beschränktesten unter denen, an die sie sich zu richten gedenkt. (...)

Die Aufnahmefähigkeit der grossen Masse ist nur sehr beschränkt, das Verständnis klein, dafür jedoch die Vergesslichkeit gross. Aus diesen Tatsachen heraus hat sich jede wirkungsvolle Propaganda auf nur sehr wenige Punkte zu beschränken und diese schlagwortartig so lange zu verwerten, bis auch bestimmt der Letzte unter einem solchen Worte das Gewollte sich vorzustellen vermag. (...)

Sie hat sich auf wenig zu beschränken und dieses ewig zu wiederholen. (...) So muss das Schlagwort wohl von verschiedenen Seiten aus beleuchtet werden, allein das Ende jeder Betrachtung hat immer von neuem beim Schlagwort selber zu liegen.»

Dies nur einige Bemerkungen des Werbe- und Propagandaexperten Adolf Hitler. Ich sage nicht, Blocher sei ein Hitler. Ich sage nur, dass sich das Abc der Propaganda gleichgeblieben ist. Aber das sei natürlich etwas ganz anderes, sagen Sie? Was, bitte schön, ist daran anders?

Blocher ist ein Rechtspopulist

Fassen wir zusammen. Da sind zuerst einmal die klassischen Rezepte der Propaganda, womit er seine Suppen kocht. Blocher lügt nicht, er spricht die Sache nur an, nicht zu Ende, das müssen seine Zuhörer besorgen. Wenn er sagt: *unzählige offizielle Festredner und Politiker*, dann meint er: von fünfhundert vierhundertneunundneunzig zuviel. Oder wenn er sagt: *lauter gescheite Leute*, dann meint er: schampar gescheit, aber leider viel zu gescheit und theoretisch und idealistisch und utopisch. Wenn er sagt: *dem Volk wird eingeredet*, dann ist klar, von wem: von den Behörden und den Intellektuellen (sich vergisst er immer, so uneigennützig ist er).

Blocher redet in Schlagworten. Die machen Denkprozesse überflüssig, sie produzieren Fraglosigkeit. Er benutzt Schlüsselwörter, die ganze Assoziationsfelder eröffnen (Schicksal, Lebenswirklichkeit, Freiheit, Unabhängigkeit, Sonderfall). Er teilt die Welt in zwei Seiten: seine und die andere. Er denkt auch so: Nord- oder Südpol (Wunschdenken oder Realismus). Manchmal vermischt er Meinungen und Tatsachen. Dann gibt er seine Meinung als Tatsache aus.

Vergleichen wir. Wer glaubt da noch an Zufall, dass Österreichs FPÖ-Chef und Rechtsaussen Jörg Haider ebenfalls davon spricht, dass in der heutigen Zeit das Ich zum Götzen gemacht worden sei, dass der Liberalismus sich nur noch an der individuellen Nützlichkeit orientiere. (So reden sie und wundern sich, wenn sich diese Raubtiermentalität, die sie im wirtschaftlichen Leben predigen, auch im wirklichen Leben nach innen frisst.) Es gibt noch andere Parallelen: Auch Haider schafft sich seine Sündenböcke und Feindbilder (Ausländer, Altparteien, Linke), auch Haider vermischt die Themen Ausländer und Kriminalität, auch Haider pflegt ein nationales Geschichtsbild, auch Haider inszeniert Volksgemeinschaft, auch Haider ist für einen starken Staat, auch Haider bedient sich sprachlicher Mittel, um Ressentiments zu wecken, auch Haider nützt Krisen und

Ängste aus, auch Haider weiss, dass autoritäres Durchgreifen der eigenen Beliebtheit nicht schadet.

Wir können auch ein Schweizer Vorbild heranziehen: James Schwarzenbach, den populistischen Überfremdungspolitiker der siebziger Jahre und Gründer der «Schweizerischen Republikanischen Bewegung». Auch Schwarzenbach hatte einen «Auftrag», auch Schwarzenbach nutzte eine Krise und gab den Schweizern ihre Identitätskarte zurück, auch er beanspruchte für sich, die Welt mit gültigen Wahrheiten zu kurieren, auch Schwarzenbach war gegen die Wissenschaftler («Theoretiker, die die Welt bessern wollen, indem sie das Bestehende und Bewährte zerstören»), auch Schwarzenbach war gegen die Linke («Klub von Weltverbesserern und Besserwissern, oft von schemenhaftem Idealismus getragen. Pflegen einer klaren Stellungnahme auszuweichen, daher Drückeberger»), auch Schwarzenbach war gegen die Entwicklungshilfe («Staatlich geförderte Hilfe in Form von Geld oder Arbeitskräften, mit denen die zu entwickelnden Beschenkten nichts anzufangen wissen»), auch Schwarzenbach wollte die «geistigen Abwässer» bekämpfen (Blocher: *Schutt*), auch Schwarzenbach warb für autoritäre Führungspersönlichkeiten und unterstellte seinen Gegnern, dass sie nur den Medien gefallen wollten, auch Schwarzenbach kämpfte auf dem Boden des Faktischen (oder zumindest, was er dafür hielt), auch Schwarzenbach war gegen den Pazifismus, weil er «der Flucht und Bequemlichkeit entspricht», auch Schwarzenbach beschwor das Rütli, auch Schwarzenbach war die Nation eine «Persönlichkeit», auch Schwarzenbach schien der «Egoismus» das Krebsübel der Zeit, auch Schwarzenbach verknüpfte eine Krisensituation mit der Überfremdungsthematik. Durch Schwarzenbach wurde der nationale Egoismus beinahe wieder salonfähig.

Die SVP Zürich hat sich von einer Bauern- zu einer modernen rechten Protestpartei entwickelt. Sie wirbt um die immer grösser werdende Zahl der Unzufriedenen. Blocher ist ihr Anführer. Seine Partei ist nicht liberal-konservativ, wie er es für sie in Anspruch nimmt. Höchstens konservativ. Den *Wettbewerb an Ideen*, den er im Wirtschaftlichen fordert, warum lässt er ihn nicht auch im Politischen zu? Die Betonung einer Leistungsideologie (Leistung statt Gleichmacherei) finden wir auch bei anderen modernen Protestparteien. Emanzipation, Selbstverwirklichung und Gleichberechtigung werden als Verstösse gegen die Gesetzmässigkeiten der Natur verurteilt – wie das auch die rechtsextremen Gesellschaftsentwürfe tun. Ein nationaler, gefühlsbeladener Konservatismus ist ebenso typisch.

Blocher bekennt sich zwar ständig zur Demokratie, traktiert sie aber gleichzeitig aufs schärfste mit seiner Propaganda. Eine Besonderheit rechtsextremer Parteien ist, dass nicht das Programm, sondern der Führer die Politik macht. Wenn Blocher meint, dass nicht die Theorie, sondern die Praxis, nicht Programmdebatten, sondern Rituale, nicht politisches Denken, sondern Haltung und Gesinnung die Politik machen, dann ist er schon gefährlich nahe daran.

Andere rechtspopulistische Muster finden wir bei Franz Josef Strauß. Schon er nützte die Staatsfeindschaft des kleinen Mannes aus (vor allem gegen Bürokratie und Steuerstaat), sprach vom Volk, das er – als Staatschef – gegen den Staat ausspielte, auch seine Reden waren nicht auf logische Stimmigkeit angelegt, sondern auf Wirksamkeit.

Blocher ist ein Krisenpolitiker. Er konstruiert (kopiert) eine nationale Identität, die in Krisenzeiten wie heute in Frage gestellt ist. Es ist merkwürdig, von der Identität eines Staates zu reden. Blocher braucht den Staat als Persönlichkeit. Das produziert Einigkeit. In der Schweiz gründet diese Identität nicht auf gemeinsamer Sprache oder Religion, sondern auf gemeinsamer Geschichte. Deshalb braucht Blocher die Geschichte. Deshalb redet Blocher von Schicksalsgemeinschaft.

Rechte Verflechtungen

Blocher wird hierzulande auch von politischen Kommentatoren häufig unterschätzt. Das kommt daher, dass «das Phänomen Blocher» eben meist doch nicht als Phänomen angeschaut, sondern auf die Person Blochers reduziert wird. Sie schreiben dann vom «Riesenzwerg» Blocher («Weltwoche»), von seinem Charme, von seinem Unterhaltungswert, schreiben, dass jede Zeit ihren Blocher und ihr Albisgüetli habe, und fragen sich nicht, warum sein Charme gerade in den letzten Jahren so reissenden Absatz findet und ob sein Unterhaltungswert etwas mit unserer politischen Gesundheit zu tun haben könnte, fragen sich nicht, wer ihm denn so ein Albisgüetli überhaupt ermöglicht.

Blocher ist nicht der John Wayne, als den er sich gerne sieht und als den ihn die Medien auch gerne sehen. Es ist allgemein bekannt, dass heute die Politik nicht mehr im Parlament gemacht wird, sondern in den vor- und nachparlamentarischen Kommissionen, wo ein durchorganisiertes, permanent tätiges System von Verbänden seine Interessen vertritt. Nicht dass das genügte, im Abstimmungskampf selber treten sie nochmals auf, abgesehen von ihren ständigen Vertretern im Parlament. Der berühmte Filz.

Wir müssen uns also fragen: Über welche ausserparlamentarischen Plattformen verfügt Blocher? Wer macht da mit, wer stellt seinen Namen zur Verfügung? Wo macht Blocher nicht mit, stellt er aber seinen Namen zur Verfügung? Gärt da bereits ein partei- und interessenpolitisches Gebräu, das offiziell, zum Beispiel bei Listenverbindungen, noch als Tabubruch wahrgenommen würde? Man muss schon an der Oberfläche kratzen. Nicht nur die elektrischen Leitungen werden unter die Erde verlegt, auch die politischen. Manchmal liegen sie so tief, dass man sie gar nicht mehr findet.

Die «Aktion für eine unabhängige und neutrale Schweiz» (AUNS)

In der Schweiz segelt ausserparlamentarisch bereits eine parteiübergreifende Referendumsorganisation, die unter der Flagge «Unabhängigkeit und Neutralität» mit Vorliebe auch in ausländerfeindlichen Gewässern kreuzt. Ihr Kapitän ist Christoph Blocher, und Matrosen sind neben CVP-, FDP- und SVP-Parlamentariern auch die Schweizer Demokraten und die Autoparteiler.

Vielleicht wären noch ein paar mehr gekommen am 6. Dezember 1993 an Blochers «Volksfest Ja zur Schweiz» in Luzern, fünfzehnhundert sind es bestimmt, aber die grad gelaufene Messerstecher-Kampagne der Zürcher SVP mag einigen Gesinnungsgenossen dann doch zu weit gegangen sein, auch den redaktionellen Teilen der Zeitungen (nicht aber ihren Inserate-Teilen). Der Platz vor dem Kongresshaus füllt sich aber auch so, vor allem mit älteren Semestern, die wenigen jüngeren Semester kommen als Demonstranten und mischen sich unters Volk. Es kommt aber nicht zu einer Vermischung, das Volk will eine Blocher-Predigt hören und nicht gestört werden, «die huere Lompewaar wo din isch», die wird vorsorglich grad zu Beginn gepackt, aus der Menge geschleift und neutralisiert. Dafür braucht es nicht einmal die anwesende Polizei, das besorgen die Blocher-Fans selber. Jetzt lauschen sie ungestört ihrem Prediger, umkränzt von Transparenten wie «Im Namen des Allmächtigen: Ja zur Schweiz», «Viele Politiker machen, was Journalisten wollen», «Blocher sagt, was viele Schweizer denken» und von Kantonsfahnen, Schweizerfahnen, Treichelschwingern und sogenannten Geisslechlöpfern.

Der liturgische Einzug im Namen des Allmächtigen könnte von der vatikanischen PR-Agentur stammen, und auch die Predigt hält, was sie verspricht. Ein demagogisches Gewitter sondergleichen. Es wird ein Stück politischer Selbstinszenierung geboten, wie es in der Schweiz selten zu sehen ist. Martin Chevallaz, der seine Stelle als Ausbildungsoffizier beim Militär aufgegeben hat, um mit Blocher im EWR-Kreuzzug mitzutun und sein Kapital, nämlich seinen Namen (Alt-Bundesrats-Sohn), in die Kampfmasse hineinzutun, überbringt als frischgebackener Vizepräsident der «Aktion für eine unabhängige und neutrale Schweiz» (AUNS) Grüsse aus der Westschweiz. Blocher ist ihr Oberpriester. Anschliessend wird disloziert ins Kongresshaus, wo B. Autogramme verteilt und das Volk Zehner- und Zwanzigernötli in die Gabenurne wirft, denn so ein Fest ist nicht gratis, obwohl offiziell eine SVP-Gruppe dahintersteht, und die haben sicher ein bisschen Geld. Wer nur Kleingeld dabeihat und ausgiebiger spenden möchte, kann einen Einzahlungsschein verlangen, da erfährt man auch gleich, wer inoffiziell hinter dem Festkomitee steckt respektive wer die Spenden in Empfang nimmt: Blochers AUNS.

Die 1986 aus dem Kampf gegen den Uno-Beitritt hervorgegangene AUNS ist zur Zeit die wohl aktivste und erfolgreichste rechtsbürgerliche Sammelbewegung der Schweiz. Im EWR-Wahlkampfjahr 1992 stockte sie ihren Mitgliederbestand von 7'000 auf 16'000 Mitglieder auf. Ende 1993 zählte sie bereits 18'000 Mitglieder. 1989 waren noch 63 Parlamentarier Mitglied der AUNS, im Verlaufe der EWR-Auseinandersetzungen und der Debatten um die Parlamentsreform sind aber einige ausgestiegen (oder von der politischen Bühne abgestiegen). Die Mitgliederlisten werden nicht publiziert und auch auf Anfrage nicht bekanntgegeben, und die öffentlichen Interessenregister der Parlamentsmitglieder geben nichts her, weil da keiner seine Mitgliedschaft bei der AUNS offenlegt. Einzig Blocher, der seit der Gründung Präsident ist.

Die AUNS sollte nicht unterschätzt werden, weil sie ein klassischer Verband ist, also über Geld verfügt und deshalb jederzeit mit dem Referendum drohen kann. Das Referendum ist in der Schweizer Politik zum effektiven Steuerungsinstrument und zu einem Druckmittel der politischen und wirtschaftlichen Organisationen geworden, denn bereits die Androhung eines Referendums wird hier sehr ernst genommen, wirkt also sozusagen prophylaktisch. Diese Art von Lobbying gibt es natürlich auch in anderen Ländern; was die Schweiz aber einzigartig macht: «Die verbandspolitischen Kraftprotzen» (Tschäni) haben die Möglichkeit, auf dem langen Weg der Gesetzgebung mit dem Referendum zu drohen, nicht erst am

Schluss, zudem agieren sie weniger sichtbar und sind äusserst stabil, weil wir keine Regierungsparteienwechsel kennen. Die EWR-Befürworter nagelte die AUNS mit drei Millionen Franken und fünf Millionen Schlagworten an die Wand (die Befürworter dürften allerdings einiges mehr ausgegeben haben). «Die ganze classe politique hat er total zur Sau gemacht», präzisiert ein Volksvertreter. Aber einigen Volksvertretern ist es während des Kreuzzuges gegen den EWR ein bisschen anders geworden, sie quittierten ihren Dienst bei der AUNS. 's gibt wieder ander Wetter! sagt sich Blocher und hat noch einiges im Sinn mit dieser Truppe. Er lässt uns nicht im Zweifel darüber: *Wenn Sie für Parlamentarier Arbeitszeiten von 60 Prozent beschliessen, werde ich nicht mehr im Parlament sein. Aber dann werde ich etwas anderes tun, nämlich eine Referendumsorganisation neben den Parteien aufbauen, um via das Volk Einfluss zu haben. Die Politkaste ist dann eines, und die anderen politisieren mit dem Volk.*

Er hat sie schon, seine Referendumsorganisation. Wer macht da mit? Was hat sie uns zu sagen? Im Vorstand sitzt, neben Blocher und Chevallaz, Alt-Nationalrat Dr. Paul Eisenring (CVP ZH), einer der einflussreichsten Alt-Nationalräte der Schweiz und Mitgründer der AUNS. Eisenring ist St. Galler, Sohn eines Toggenburger Textilunternehmers, hat aber seine politische Karriere in Zürich gemacht. Da war er Präsident der Kantonalzürcher CVP (ab 1972) und Zürcher Nationalrat von 1963 bis 1991. Blocher ist zwar in einer anderen Partei, aber das macht nichts, im Nationalrat sollen sie zusammen zum Beispiel das Umweltschutzgesetz verwässert haben. Eisenring sitzt in zweiunddreissig Verwaltungsräten, darunter Commerzbank, Eternit, Handelszeitung (Präsident), Michelin (Präsident), Motor-Columbus, PBZ Privatbank (Präsident). Es werden ihm enge Beziehungen zu den beiden Industriellen-Familien Schmidheiny und Boveri nachgesagt.

Bis zu seinem Tod im Herbst 1993 sass im Vorstand auch Dr. Otto Fischer, ebenfalls Sohn eines kleinen Textilindustriellen (Zürcher Oberland), Alt-Nationalrat (FDP BE) und Alt-Gewerbeverbandsboss. Fischer war bis zu seinem Tod Geschäftsführer der AUNS und die wichtigste Scharnierfigur zu anderen rechtsbürgerlichen Klubs. Diesen Posten hat nach seinem Tod Walter Reichle, wie Chevallaz ein ehemaliger Instruktionsoffizier, übernommen.

Im Vorstand sitzen seit 1992 folgende Parlamentarier und folgende Parlamentarierin: Nationalrätin Lisbeth Fehr (SVP ZH), die Nationalräte René Moser (AP AG) und Christian Miesch (FDP BL). Ferner Nationalrat Theo Fischer (SVP AG) und Alt-Nationalrat Dr. Hans-Ulrich Graf (ZH), der in den siebziger Jahren von den Republikanern zur SVP wechselte. Manchmal treten diese Parlamentarier gegen aussen auch ohne Blocher auf. Zum Beispiel wurde im Dezember 1993 ein Abstimmungskomitee «für den Friedensplatz Schweiz – gegen Blauhelme» gegründet. Es wird präsidiert von drei AUNS-Vorstandsmitgliedern.

Folgende Parlamentarier sind in der AUNS dabei (Stand Januar 1994). Es ist nötig, hier ihre Namen anzugeben, weil keiner dieser Parlamentarier im öffentlichen Interessenregister diese Mitgliedschaft offenlegt. Dieses öffentliche Interessenregister scheint nicht sehr ernst genommen zu werden; die Standardantwort auf die Frage, warum sie denn diese Mitgliedschaft nicht offenlegen, lautet: Da müsste man ja jeden Küngelizüchter-Verein angeben. Die AUNS ist aber ein bisschen einflussreicher als ein Küngelizüchter-Verein. FDP-Präsident Franz Steinegger meinte, da müsste man wieder ein Büro mit zehn Leuten eröffnen (was mich nicht stören würde, das würde den Journalisten ungemein die Arbeit erleichtern), und die seien ja sowieso nur dazu da, «um die Neugier gewisser Leute zu befriedigen». Befriedigen wir hier unsere Neugier:

FDP:
Nationalrat Jean-Pierre Bonny, BE, verweigerte die Auskunft, möchte gerne die «grösseren Zusammenhänge» sehen. Meine Antwort, dies sei das politische Verbandswesen, genügt ihm nicht. Aber zufällig ist er der einzige, den mir die AUNS als Mitglied bekanntgegeben hat. Er war sogar im AUNS-Vorstand. Bonny war unter Otto Fischers Kommando Vizedirektor des Schweizerischen Gewerbeverbandes und später Direktor des Biga. An der Universität hat er geboxt, und im Militär liebt er das Scharfschiessen.

Nationalrat Ernst Cincera, ZH, Präsident des kantonalen Gewerbeverbandes Zürich, ist nach eigener Auskunft «passives Mitglied».
Nationalrat Hans-Rudolf Früh, AR
Nationalrat Rolf Mauch, AG

CVP:
Nationalrat Theo Fischer, LU
Nationalrat Theodor Schnider, LU. Er sei ein «politisch absolut guter Freund» von Blocher, er selber stehe auch sehr rechts, und vor Blocher habe er keine Angst, nur vor den Journalisten.
Ständerat Hans Danioth, UR

SVP:
Nationalrat Max Binder, ZH
Nationalrat Toni Bortoluzzi, ZH: Wieso mich die AUNS interessiere, da müsse er ja auch den Turnverein Affoltern angeben.
Nationalrat Walter Frey, ZH
Nationalrat Fritz Hari, BE: «Selbstverständlich» sei er Mitglied.
Nationalrat Otto Hess, TG
Nationalrat Ueli Maurer, ZH
Nationalrat Willi Neuenschwander, ZH
Nationalrat Maximilian Reimann, AG, weiss anfänglich nicht, ob er Mitglied ist, nach längerem Nachdenken und der Information, dass ich morgen zurückrufen könne, meint er, ich solle ihn als Mitglied betrachten. Aber in der EWR-Frage sei er anderer Meinung gewesen als Blocher.
Nationalrat Hanspeter Seiler, BE: «Zahle zwar Beitrag, bin aber nicht so fleissig dabei.»
Ständerat Hans Uhlmann, TG, SVP-Parteipräsident

Autopartei (AP; heisst jetzt Freiheitspartei):
Nationalrat Michael E. Dreher, ZH
Nationalrat Ulrich Giezendanner, AG
Nationalrat Peter Jenni, BE
Nationalrat Armin Kern, ZH

Nationalrat Jürg Scherrer, BE, Parteipräsident
Nationalrat Walter Steinemann, SG: «Mitglied, aber nicht aktiv.»

Schweizer Demokraten (SD; vormals Nationale Aktion, NA):
Nationalrat Rudolf Keller, BL, Zentralpräsident der Schweizer
   Demokraten
Nationalrat Markus Ruf, BE
Nationalrat Hans Steffen, ZH, Gründungsmitglied der AUNS

Andere:
Nationalrat Flavio Maspoli, TI, Lega dei Ticinesi

Einigen Parlamentariern und einer Parlamentarierin ist die AUNS unheimlich geworden, sie haben ihren Dienst quittiert:

Nationalrätin Geneviève Aubry, FDP BE
Nationalrat Jean-Pierre Berger, SVP VD: «zu nationalistisch»
Nationalrat Simeon Bühler, SVP GR: «zu radikal», vor allem die
   Veranstaltung in Luzern
Nationalrat Ulrich Fischer, FDP AG, ausgetreten nach der EWR-
   Abstimmung, da die AUNS eine «konsequent europafeindliche
   Linie beibehalten» habe.
Nationalrat François Loeb, FDP BE, ausgetreten nach der «Wende»
   vor etwa vier Jahren.
Nationalrat Ernst Mühlemann, FDP TG, Grund: EWR.
Nationalrat Edgar Oehler, CVP SG: «Abschottung auf Schwarz-
   Weiss-Art».
Nationalrat Paul Rutishauser, SVP TG: Veranstaltung in Luzern.
Nationalrat Heinz Schwab, SVP BE: persönliche Differenzen, er
   habe ja mit Blocher gegen den EWR gekämpft.
Nationalrat Fritz Stalder, SD BE
Nationalrat William Wyss, SVP BE
Ständerat Bruno Frick, CVP SZ
Ständerat Willy Loretan, FDP AG

Die AUNS hat sich offiziell die «Überwachung der Aussenpolitik» auf die Kriegsfahne geschrieben, dahinter verbirgt sich aber mehr. Die Standardthemen und die Feindbilder lassen ein enges Weltbild erkennen, die Sprache ist nicht selten aggressiv und trägt die Handschrift Blochers, der als Präsident der AUNS zu verantworten hat, was im «Grauen Brief (zum Hineinleuchten in die Grauzonen der schweizerischen Aussenpolitik)», dem fünf- bis sechsmal jährlich erscheinenden Bulletin, an Inhalt herumgeboten wird. Artikel aus dem AUNS-Pressedienst erschienen übrigens früher auch in der Neonazi-Publikation «Eidgenoss». Leuchten auch wir hinein, aber in die Grauzone schweizerischer Innenpolitik.

Bis 1989 las man im AUNS-Bulletin regelmässig über «das vom Kommunismus bedrohte Südafrika», das «trotz gewisser Einschränkungen der Pressefreiheit und der nach wie vor äusserst umstrittenen und unmenschlichen Apartheid ein für afrikanische Verhältnisse überdurchschnittlich freies Land» sei. Die rassistische Apartheid schien der AUNS weniger schlimm als der Kommunismus. Der ANC («African National Congress») wurde als «eine Kampforganisation gegen Südafrika» und als «terroristisch» bezeichnet (ihr Vorsitzender Nelson Mandela erhielt 1993 den Friedensnobelpreis und ist Südafrikas erster frei gewählter Präsident). Zufrieden wurde notiert, der südafrikanische Staatspräsident P. W. Botha habe «an der Beerdigung von Franz Josef Strauß, einem der wenigen Politiker, der den Mut hatte, gegen die allgemeine Diskriminierung dieses Landes aufzutreten, teilgenommen». Im Nationalrat wandte sich Blocher 1986 und 1988 gegen einen Wirtschaftsboykott Südafrikas. Blocher schien das weisse Minderheitsregime in Südafrika sehr am Herzen gelegen zu haben, so sehr, dass er mit einer weiteren politischen Organisation, der 1982 gegründeten und von ihm präsidierten «Arbeitsgruppe Südliches Afrika» (asa), dafür werben zu müssen glaubte.

Zu Südafrika scheint der Kontakt noch heute zu bestehen: In Johannesburg wurde im August 1993 die erste Sektion der «SVP International» gegründet, der Blocher als Vorstandsmitglied dient. Einen zweiten Satelliten plant man bereits in Kapstadt. Dort hat die

Schweizerische Bankgesellschaft 1983 eine Weinfarm gekauft, damit den Aktionären an der Generalversammlung zum Beispiel ein 79er Roodeburg kredenzt werden kann. Alt-SBG-Verwaltungsrat Blochers Interessen für das damalige Apartheidregime dürften nicht nur glaubenspolitischer Natur gewesen sein (der freie Westen gegen den Kommunismus), sondern auch wirtschaftspolitischer, die SBG gehörte noch in den Achtzigern zu den wichtigsten Financiers des Regimes in Pretoria.

Die AUNS beschäftigt sich auch mit der Asylpolitik. Da werden Anekdötchen herumgeboten, die beweisen sollen, wie teuer die Asylanten lebten und was sie den Steuerzahler kosten würden (zum Beispiel Asylanten in Hotels). Die Asylbewerber werden «ausländische Wanderarbeiter» genannt, «die unter dem Titel von Flüchtlingen einströmen». Die Wortwahl erinnert an die Zeiten von James Schwarzenbach. AUNS: «Dass das Wort Überfremdung, nicht zuletzt in ethischer Hinsicht, am Platze ist, wird wohl niemand bestreiten können»; «man sollte doch auch dort (im Bundesrat, der Verf.) einsehen, dass wir keine Überfremdung durch Muslime und Leute anderer Kulturkreise und Rassen bei uns dulden können». Man spricht vom «Asylantenwesen», nicht Asylwesen. Der Begriff «kriminelle Asylanten» taucht bereits 1988 auf.

Auch über Rassismus wird in der AUNS diskutiert – aber nur einmal: «In der Schweiz besteht ein Rassismus-Problem überhaupt nicht …» Gibt es wirklich kein Rassismus-Problem in der Schweiz? Wer im AUNS-Bulletin den Artikel über die «Internationalisierung von Genf» liest, könnte geneigt sein, zu einer anderen Ansicht zu gelangen: «Die Internationalisierung von Genf geht unaufhaltsam vor sich. Am besten sieht man dies im Verzeichnis der Heiraten und Geburten (…). Ein schöner Teil der dort aufgeführten Namen kann man ohne Schwierigkeiten nicht aussprechen.» In einer Nummer von 1991 lesen wir einen Artikel «Asylwesen und Rassismus» eines Autors, der immerhin Doktor der Völkerkunde ist (und Autor des Buches: «Tarzan und die Herrenrasse: Rassismus in der Literatur»), der es fertigbringt, das Asylproblem auf die Feststellung herunterzulügen, dass eben Betreuer in Durchgangszentren und Hilfswerkvertreter ihren Besitzstand zu wahren und einen Posten zu verlieren hätten, «die Armen müssten ja arbeiten gehen».

Die AUNS kocht ihr Süppchen geschickt mit Ängsten und Krisen. Die Sprache verrät sie. Man schreibt von «Überschwemmung der Schweiz mit Arbeitsuchenden aus der Türkei», von der Gefahr einer «Invasion von ‹Flüchtlingen›». «Die zahlreichen Asylanten aus der Dritten Welt» seien die «Vorläufer einer Entwicklung», die in den nächsten Jahren «zu einer ungeahnten Bedrohung», «zu einer Art Völkerwanderung» werde. Man wolle es nicht so weit kommen lassen, «dass wir eines schönen Tages wie bei den ehemaligen europäischen Kolonialmächten Ghettos andersfarbiger Bewohner bei uns haben. Diese natürliche Reaktion des Schweizers gegenüber dem fremdartigen Ausländer mag den Theoretikern des Asylwesens nicht in den Kram passen, sie ist aber eine Realität.» Es wird so getan, als sei die Weltgeschichte bisher ein System statischer, gegeneinander abgeschotteter Staaten gewesen, als seien nicht schon immer Menschenströme gewandert. Bereits um 1900 wurde in der Schweiz von «Überfremdung» gesprochen, bereits vor dem Ersten Weltkrieg betrug der Anteil der Ausländer an der Schweizer Wohnbevölkerung fünfzehn Prozent. Die haben wir damals wie auch später als Arbeitskräfte gebraucht, denn seit Ende des letzten Jahrhunderts ist die Schweiz vom Auswanderungs- zum Einwanderungsland geworden. Damals wie heute führen wir uns gegenüber diesen ausländischen Arbeitskräften wie Kolonialherren auf, das ist nichts Neues, aber diesmal sind nicht die ansässigen Ausländer gemeint, sondern die Asylbewerber und Flüchtlinge. Blocher hat nichts gegen sie, solange sie in seiner Fabrik arbeiten.

Im AUNS-Bulletin wird immer wieder auf Bücher aus dem Bücherdienst der Presdok AG hingewiesen. Dahinter verbirgt sich Hans-Ulrich Helfer, ein ehemaliger politischer Polizist. Er absolvierte die Zürcher Polizeirekrutenschule und war von 1976 bis 1983 beim Kriminalkommissariat III der stadtzürcherischen Polizei (auch im Militär war er im Sicherheitsdienst tätig). Seine seit 1983 im Handelsregister eingetragene Presdok AG «befasst sich mit der Beschaffung, Auswertung und dem Verkauf von Informationen und verfügt über die für diesen Zweck geeigneten Fachleute» (Eigenwerbung). Diese Informationen werden verkauft an Privatpersonen, Institutionen und Firmen. Cincera lässt grüssen. Helfer schreibt auch selber Bücher, die im AUNS-Bulletin angepriesen werden, zum Beispiel eines über die ««Mafia» zugunsten der Asylanten» (gemeint: Flüchtlingsorganisationen). Helfer scheue sich nicht, «die Politiker und Agitatoren zugunsten der Asylbewerber mit Rang und Namen aufzuführen». Das nennt man auch Kopfjägerei. Ein anderes Helfer-Buch ist auch interessant: «Manipulierte Eidgenossen: Wie Journalisten manipuliert werden und wie diese wiederum selber die Öffentlichkeit manipulieren». Im selben Verlag gibt's auch etwas Weltsystemtheorie: «Der Islam wird uns fressen» (3. Auflage).

Ein Text zur Armeeabschaffungs-Initiative bringt das Demokratieverständnis der AUNS auf den Punkt. Er schildert eingangs die Augustrede eines Studenten, Offiziers und Gegners der Initiative, der den Armeegegnern zumindest das Recht auf demokratische Diskussion einräumt. Der AUNS-Text von Otto Fischer betrachtet dieses Recht als «völlig absurd». Es gebe politische Auseinandersetzungen, «bei welchen es um im eigentlichen Sinne des Wortes unsere Zukunft, um die Zukunft unserer ganzen Gemeinschaft und jedes einzelnen geht. Und hier hört jede Diskussion auf.»

Blocher nutzt geschickt das Zusammenspiel von AUNS und seiner Bundesratspartei: Die AUNS prescht mit ihren Forderungen vor, macht sie parlamentsfähig, und die SVP zieht nach. Die AUNS war zum Beispiel die erste Stimme ausserhalb der klassischen Überfremdungsparteien, die das Notrecht in der Asylpolitik forderte (Artikel 9 des Asylgesetzes: «Der Bundesrat […] kann in Abweichung vom Gesetz die Voraussetzungen für die Asylgewährung und die Rechtsstellung der Flüchtlinge einschränkend regeln und besondere Verfahrensbestimmungen aufstellen …»). Diese «Interpellation Blocher» vom März 1989 trug die Namen von sechzig Parlamentarierinnen und Parlamentariern. Neben Schweizer Demokraten und Autoparteilern waren die drei bürgerlichen Bundesratsparteien stattlich vertreten.

Im August 1989 zog die SVP Schweiz nach. Die Delegiertenversammlung sprach sich in Genf ebenfalls für das Notrecht aus. Nationalrat Rudolf Reichling versprühte die Idee, Löhne von Asylbewerbern auf Sperrkonten einzufrieren, im Falle einer Abschiebung sollten daraus die Polizei- und Verwaltungskosten gespiesen werden. SVP-Bundesrat Ogi warb um Verständnis. Vielleicht dachte er dabei an seine Vorfahren, das waren Hugenotten (Oguey), die damals zügig aus Frankreich verschwinden mussten, wären sonst geköpft worden, siedelten sich im Kandertal an und gelangten, zu Ogis mutiert, in hohe Stellungen. Auch Blocher sollte wieder einmal in seiner Familiengeschichte stochern, seine Vorfahren sind im vorigen Jahrhundert aus Deutschland eingewandert (man vermutet Wirtschaftsflüchtlinge).

Blocher ging das zu langsam. Im November 1990 kündigte er von seinem Zürcher Hauptquartier aus eine Volkspetition für dringliche Massnahmen gegen den «Asylmissbrauch» an (zusammen mit der SVP Aargau und der SVP Schwyz); im Juni 1991 wurden 100'000 Unterschriften in Bern überreicht. Im Wahl-Herbst 1991 präsentierte die Zürcher SVP einen Textentwurf: Auf Asylgesuche illegal Eingereister sollte künftig gar nicht mehr eingetreten werden. Der Bundesrat sollte gar ermächtigt werden, einen totalen Asylstopp zu verhängen. Dieser Vorstoss war mit der Schweizer Parteileitung nicht abgesprochen. Im Januar 1992 zog die SVP Schweiz nach und beschloss, auf Grundlage des zürcherischen Textes eine entsprechende Initiative zu lancieren, die im Herbst 1993 eingereicht wurde.

Wer wundert sich da, dass Nationalrat Markus Ruf, für den jeder Asylbewerber einer zuviel ist («denn jeder zusätzliche Bewohner, unabhängig von seinem rechtlichen Status, benötigt Platz und beansprucht Ressourcen – er verschmutzt also die Umwelt»), sich auf die Forderungen der SVP stützt?

Blocher selber grenzte sich 1992 in einem Interview gegen eine Zusammenarbeit der SVP mit den Schweizer Demokraten und der Autopartei ab: *Mit den Schweizer Demokraten auf keinen Fall, die sind linksnationalistisch. Mit der Autopartei auch nicht, denn es gibt dafür keinen Grund. Eine Autopartei braucht es gar nicht, wenn wir Bürgerliche richtig politisieren*, sagte er. Aber in seiner AUNS arbeitet er mit ihnen zusammen.

In der rechtsextremen Szene wird die AUNS scharf beobachtet. So attestierte ihr der «Eidgenoss» redliche Arbeit: «Ihre Kritik lag denn auch, soweit wir die anfängliche Arbeit ein wenig verfolgten, stets genau richtig.» Allerdings erwartete der «Eidgenoss» offensichtlich, dass sie beim Referendum gegen die Uno-Anti-Rassismus-Konvention mitmachen würde, und fragte: «Wo bleibt die AUNS?» Sie hat das Referendum nicht unterstützt, dafür aber einige ihrer Mitglieder: die Nationalräte Michael E. Dreher, Peter Jenni, Rolf Mauch, René Moser (AUNS-Vorstand) und Roland Borer, der nach eigenen Aussagen nicht Mitglied, aber «Sympathisant» ist.

Auch wenn es darum geht, die Journalisten an die Kandare zu nehmen, marschieren diese Stiefel brav im Gleichschritt. In der Wintersession 1993 fragte Interpellant René Moser im Nationalrat: «Was unternimmt der Bundesrat, um die seit geraumer Zeit immer öfter auftauchenden Indiskretionen aus Bundesratsverhandlungen zu unterbinden? Wie gedenkt der Bundesrat in Zukunft sicherzustellen, dass vertrauliche Berichte der Departemente nicht über die Medien an die Öffentlichkeit gelangen?» Bei groben Verstössen forderte er sogar ein Zutrittsverbot zur Wandelhalle, zum Bundeshauscafé und zu den offiziellen Informationsräumen. Warum es immer wieder Informanten gibt, die bereit sind auszuplaudern, fragte er sich nicht. Diese Interpellation wurde von sechzig Parlamentariern unterzeichnet, davon sind mindestens fünfundzwanzig AUNS-Mitglieder und sieben ehemalige Mitglieder. Wer ab und zu in ein Geschichtsbuch schaut, der erinnert sich vielleicht an die berühmte Eingabe der Zweihundert an den Bundesrat vom Sommer 1940, worin prominente Schweizer die «Ausmerzung» einiger nicht genehmer Presseorgane forderten ...

Die «Schweizerzeit»

Die «Schweizerzeit» («Konservative Zeitung für Unabhängigkeit, Föderalismus und Freiheit»), eine alle drei Wochen erscheinende

Zeitung der Schweizerzeit Verlags AG, spiegelt das Spektrum der Rechtsaussen-Klubs und der Personen, die teils am Steissbein bürgerlicher Parteien, teils unterhalb politisieren. Sie ist zur Zeit das wichtigste rechtsbürgerliche Blatt. SVP, Autopartei und Verbände wie AUNS, «Redressement National» und «Hofer-Klub» beten hier gemeinsam. Blocher selber lässt nicht selten auf der Front seine Reden drucken und tritt an «Schweizerzeit»-Herbsttagungen als Redner auf. Seine Reden werden in diesem Verlag gedruckt.

Die «Schweizerzeit» trat 1979 die Nachfolge von James Schwarzenbachs «Republikaner» an. Mit dem Untertitel vermochte der noch heute amtierende Redaktor und Verwaltungsrats-Delegierte der Schweizerzeit Verlags AG und langjährige Sekretär der Republikaner, Dr. Ulrich Schlüer, die anfängliche Isolation, in der die Überfremdungsgegner steckten, allmählich abzubauen. Dies wurde 1982 unterstützt durch eine breitere Streuung des Aktienkapitals. Neu zur «Schweizerzeit» stiess die damalige Spitze des «Redressement National»: Christoph Blocher und Rudolf Rohr (Direktor des «Redressement» und AUNS-Mitglied). Aktien gezeichnet hatten damals auch Vertreter von Bewegungen wie «Republikaner», «Republikanische Bewegung», «Nationale Aktion», was den Schulterschluss zwischen Rechtsbürgerlichen und ehemaligen Überfremdungsaktivisten unterstreicht. Schlüer selber wechselte von den Republikanern zur SVP und ist im Frühling 1994 SVP-Gemeinderat der Weinländer Gemeinde Flaach geworden. Er ist ebenfalls AUNS-Mitglied.

Die «Schweizerzeit» profitierte 1992 von der Anti-Europa-Konjunktur und stockte ihre Auflage von 17'000 (Sommer 1992) auf heute knapp 25'000 auf; zusätzliche 800 Exemplare gehen ins Ausland. Bei Gratis-Streusendungen in einem ganzen Kanton erreicht sie eine Auflage bis zu 360'000. Für den EWR-Abstimmungskampf liessen sich nach Eigenangaben 850'000 Franken Spendengelder mobilisieren.

Im Verwaltungsrat sitzen neben Schlüer der ehemalige Zürcher SVP-Polizeidirektor Konrad Gisler und Hans Scharpf, «Senior Director» bei der Schweizerischen Hagelversicherungsgesellschaft, der

Rechtsanwalt Dr. Ernst Walder (besitzt 17 Verwaltungsratsmandate und war im Patronatskomitee von Blochers «Arbeitsgruppe Südliches Afrika») sowie seit 1993 auch Kantonsrat Hans Fehr, Sekretär der Zürcher SVP.

Schlüer ist Redaktor und Koordinator der «Schweizerzeit». Koordiniert hat er schon früher, zum Beispiel zusammen mit Christoph Blocher: Er organisierte Leserreisen nach Südafrika und besorgte die Administration bei Blochers «Arbeitsgruppe Südliches Afrika». Ausserdem war er auch im Vorstand beim «Club der Freunde Südafrikas». Im Herbst 1993 trat er an einer vom umstrittenen «Verein zur Förderung der Psychologischen Menschenkenntnis» (VPM) organisierten Tagung als Redner auf. 1994 koordinierte er die Kampagne gegen die Blauhelme.

Zu den im Impressum aufgeführten regelmässigen Mitarbeitern gehört neben anderen Alexander Segert, der laut «WochenZeitung» Mitglied des umstrittenen VPM ist. Seit 1992 schreibt Fritz Schenk mit, der 1957 aus der DDR geflohen und heute Mitglied der ZDF-Chefredaktion ist. Ebenfalls als regelmässiger Autor aufgeführt ist seit 1993 Hans Graf Huyn, ehemaliger aussenpolitischer Sprecher der bayrischen CSU im Bundestag; früher las man auf der Front gelegentlich einen Artikel aus der Feder seines Bosses, Franz Josef Strauß.

Blocher hielt an der «Schweizerzeit»-Herbsttagung 1990 in Winterthur seine Rede «Zeit ohne Richtung?». Frühere Redner waren Ernst Cincera, Gustav Däniker, Kkdt zD Jörg Zumstein, Dr. Peter Spälti und Dr. Otto von Habsburg, CSU-Mann und ehemaliger Kronprinz der Doppelmonarchie. Blocher und Spälti sind beide Aktionäre der Schweizerzeit Verlags AG (je zwei von 540 Aktien, also symbolisch, deshalb wichtig).

Dr. Peter Spälti ist ein Politiker (FDP-Nationalrat von 1983 bis 1991), der auch etwas zu sagen hat als Führer eines Milliardenunternehmens (Winterthur-Versicherungen). Daneben sitzt er im Verwaltungsrat von Rieter, Sulzer, SBG und anderen. Spälti-Texte finden wir auch im AUNS-Bulletin und in der «Trumpfbuur-Zitig». Wenn der prominente Versicherungsführer nicht gerade prominente Militärführer, zum Beispiel General Norman H. Schwarzkopf, nach Winterthur einlädt, um zusammen mit tausend prominenten Schweizern eine Andacht über Führung (modernes Management) zu halten und dem General eine Armbrust mit Zielfernrohr zu schenken, predigt er selber an der publizistischen Front, zum Beispiel über «Armee-Einsatz im Asylbereich» als «prüfenswerte Massnahme».

Die «Schweizerzeit» nimmt sich vieler Themen an, besonders gern aber der Themen Drogenpolitik, Sicherheit und Kriminalität sowie der Asylbewerber. Zum Beispiel lässt sie den konservativen Zürcher Geschichtsprofessor Peter Stadler zu Wort kommen, der sich zur «Zeitbombe Asylantismus» äussert (eine 1.-August-Rede): Er festredet da über die Schweiz, «wo es jetzt schon mehr Türken als Urner oder Appenzeller und mehr Jugoslawen als Thurgauer gibt». Und als Mann der Weltgeschichte fragt er am Schluss: «Wie europäisch wird dieses Europa um die Jahrtausendwende überhaupt noch sein?» Da müsste er vielleicht Otto von Habsburg fragen (der noch auf Kaiser Franz Josephs Schoss hat sitzen dürfen). Oder Dr. Dieter Bührle macht sich in diesem Blatt «Gedanken zur Lage in Südafrika» und rapportiert: «Dabei wird aber dem unvoreingenommenen Betrachter auf Schritt und Tritt vor Augen geführt, dass die Anzahl der Schwarzen, die für solche Tätigkeiten (sogenannte leitende Tätigkeiten in Wirtschaft und Verwaltung, der Verf.) das nötige Intelligenz- und Ausbildungsniveau besitzen, äusserst gering ist.»

In der «Schweizerzeit» schreiben auch: Nationalrat Heinz Allenspach (FDP ZH) der bis Sommer 1993 Direktor des Zentralverbandes schweizerischer Arbeitgeberorganisationen war. Er hat eine regelmässige Kolumne in der «Schweizerzeit». Gelegentlich ist er auch Autor im AUNS-Bulletin, und angelegentlichst sitzt er im Vorstand des «Redressement National». Alt-Nationalratspräsident Bremi sagt über ihn, er sei einer der wenigen, die so denken, wie es das Amt von ihnen erfordere (scheint in diesen Etagen die Ausnahme zu sein). Wenn er, Bremi, an Ordnungspolitik denke, denke er an Allenspach.

Markus Kündig, Zuger CVP-Ständerat seit 1974, ist einer der amtsältesten Parlamentarier. Wie Peter Spälti wurde er schon als möglicher Bundesrat gehandelt. Zwischen 1982 und 1989 verdreifachte er seine Verwaltungsratssitze und verachtunddreissigfachte das Verwaltungsratskapital, das er vertritt. Das beläuft sich derzeit auf 3,8 Milliarden Franken, verteilt auf 27 Verwaltungsräte. Er ist ein klassischer Vertreter der Schweizer Filzokratie und schafft den Spagat zwischen Hochfinanz (Banken und Versicherungen), Gewerbe und Parteipolitik. Auf die Frage, ob er liberal sei, antwortet er: «Ich bin Kündig.» Er geht als Verwaltungsrat ein und aus bei der Schweizerischen Bankgesellschaft (seit 1982), bei der Zürich Versicherungs-Gesellschaft und der Vita Lebensversicherung (beide seit 1983), bei der «Luzerner Zeitung» (als Präsident) und dem Elektrokonzern Landis & Gyr (seit 1989), um nur die fetten Brocken zu nennen. Über zehn Jahre lang war er Präsident des Schweizerischen Gewerbeverbandes, hat sich also im gleichen Klub hochgedient wie Otto Fischer, der ehemalige AUNS-Geschäftsführer. Kritiker werfen ihm vor, das Gewerbe an die Hochfinanz und die Industrie zu verraten, streiche er doch jährlich eine halbe Million Tantiemen ein für seine Mandate und opfere das Gewerbe den Schmidheiny und Konsorten. Er lächelt dann und sagt, ich bin halt Kündig. Ausserdem war er von 1989 bis 1994 Vizepräsident des «Redressement National». Ulrich Bremi sagt über ihn, Kündig sei ein echter Konservativer: «Dem denkt es so.» (Allerdings fehle ihm im Gegensatz zu Blocher das Sendungsbewusstsein.)

Der «Zürcher Bauer»

Der «Zürcher Bauer» ist das obligatorische Organ des Zürcher Bauernverbandes und der SVP des Kantons Zürich. Er informiert nicht nur, wie der Name vermuten lässt, über bäuerliche Themen, zum Beispiel über den Emser Dünger (Stickstoffdünger, PK-Dünger, Vollkorn-Dünger, Forstprogramm) oder eine funktionstüchtige Biogas-Modellanlage (es grüsst der landwirtschaftliche Beratungsdienst der Emser-Werke AG), sondern geht auch weltgeschichtlichen Fragen nach: «Kommt der Smog grösstenteils aus der DDR?» (1985).

Der politische Teil und vor allem die Front der Zeitung sind blocherisch imprägniert, auch wenn er nicht selber schreibt. Bereits die Zusammensetzung der Redaktion zeigt, dass die politischen Fäden über die eigene Zeitung hinauslaufen. Die «Koordination» besorgt Hans Fehr, SVP-Parteisekretär und Verwaltungsrat der «Schweizerzeit». Als Redakteur dabei ist Alexander Segert, den wir bereits als VPM-Mitglied und «Schweizerzeit»-Mitarbeiter kennengelernt haben. Auch zu einer anderen ziemlich umstrittenen Organisation scheint es Beziehungen zu geben: Einige Mitglieder der «Jungen SVP» sollen der »Scientology-Kirche» angehören. Auf der Frontseite des «Zürcher Bauer» finden wir «Schweizerzeit»-Texte, und es wird über die Mitgliederversammlung von Blochers AUNS berichtet, wir begegnen auch dem «Hofer-Klub» und in der Person von Dr. Rudolf Rohr dem «Redressement National», der über den «Filz der Linken» schreiben darf. Über den eigenen Filz schreiben sie nie.

Die Sprache ist nicht selten aggressiv und verletzend, zum Beispiel: «Sozialisten, auf die Latrine!» Ein Bericht über den Zürcher Kantonsrat fragt: «Auf dem Weg zur ‹Palaver-Demokratie›?» (Demokratie kann man sich hier nur als Laferi-Verein vorstellen.)

Wer stellt dem «Zürcher Bauer» respektive Christoph Blocher seinen Namen zur Verfügung, zum Beispiel in Form von Artikeln auf der Front? Das sind wieder Allenspach, Kündig, Spälti u.a. Manchmal schreiben auch Professoren, obwohl Blocher die nicht mag, zum Beispiel Geschichtsprofessoren. Da holt er sich konsequent nur die konservativen, zum Beispiel Prof. Peter Stadler, der es immer wieder fertigbringt, den Bogen zum Thema «Einwanderungsasylanten» zu schlagen. Der Zürcher Professor Schaufelberger, Spezialist für unsere militärische Vergangenheit, schreibt über das Alpen-Réduit und das Rütli. Und wenn die einheimische Spezialistenzunft sich ausgeschrieben hat, holt man sich einen von drüben, etwa den deutschen Bismarck-Spezialisten und ehemaligen Ghostwriter von Bundeskanzler Kohl, Michael Stürmer, ausgerechnet ihn, der sich schon im deutschen Historikerstreit mit seiner neokonservativen «Identitätsstiftung» exponiert hat. An der Delegiertenversammlung der SVP Zürich 1989 darf er über ein Thema reden, wozu ein Schweizer Berufskollege vielleicht ein bisschen mehr zu sagen hätte:

«Schweizerische Armee als Element der Stabilität in Europa: Initiative stellt Identität der Schweiz in Frage». Und wer ob soviel Weltgeschichte Appetit gekriegt hat, konnte, zumindest bis zu seinem Tod, noch immer auf einen Artikel von Franz Josef Strauß hoffen, der auch mal auf der Front erschien («Zürcher Bauer»-Nachruf: «Er wird dem ganzen freien Westen fehlen»).

Der «Hofer-Klub»
Die «Schweizerische Fernseh- und Radio-Vereinigung» ist im Volksmund besser bekannt als «Hofer-Klub» nach ihrem Gründer Walther Hofer, der von 1969 bis 1979 SVP-Nationalrat war. Der Klub beherbergt an die fünfzig Parlamentarier und kämpft gegen die angebliche linke Unterwanderung des Schweizer Fernsehens.

In den achtziger Jahren waren Christoph Blocher, Markus Kündig, Rudolf Rohr und einige SVP-Nationalräte im Zentralvorstand. Heute sind es einige AUNS-Mitglieder: der Aargauer Nationalrat Theo Fischer (Zentralpräsident), Nationalrat Hans-Rudolf Früh, Nationalrat Rolf Mauch, Nationalrat Hanspeter Seiler. Ausserdem Herbert Meier, Präsident der Vereinigung «Medienpanoptikum», die mit dem «Hofer-Klub» zusammenarbeitet. Meier ist ehemaliger Sekretär der Republikanischen Bewegung des Kantons Aargau, Gründer der konservativen «Schweizerische Studenten-Zeitung» und Herausgeber der christlich-konservativen Zeitung «Abendland», die das Referendum gegen den beschlossenen Beitritt der Schweiz zur Uno-Konvention gegen Rassendiskriminierung und den neuen Strafgesetzartikel unterstützt hat. Meier «weiss nicht», ob er AUNS-Mitglied ist, aber er arbeitet mit ihr zusammen.

Das «Redressement National»
Ein weiterer politischer Spitzenverband ist das «Redressement National» («Vereinigung für Freiheit, Föderalismus und Recht»), das sich als «ordnungspolitisches Gewissen für eine freie Marktwirtschaft» versteht und vornehmlich in der Ausgaben- und Steuerpolitik und

im Bodenrecht zu Hause ist. Sogar die NZZ attestierte diesem Klub «militanten Einsatz für liberal-konservative und rechtsbürgerliche Grundanliegen». 1992 hatte er zwar nur 2'600 Mitglieder, darunter aber immerhin 37 Parlamentarier. Die breit angelegte bürgerliche Parteien- und Verbandsvertretung bescherte ihm immer wieder spektakuläre Erfolge (enge Verbindung zum Zentralverband Schweizerischer Arbeitgeberorganisationen, zum Vorort, zur Bankiervereinigung und zum Schweizerischen Gewerbeverband).

Blocher war hier in den achtziger Jahren tonangebend (1980 bis 1988 Vizepräsident, heute Mitglied) und brachte es 1984 fertig, dass der Vorstand das von Blocher angestrebte Referendum gegen das vom Parlament kurz zuvor verabschiedete neue Eherecht unterstützte, obwohl eine Umfrage bei den Mitgliedern ergeben hatte, dass sich eine Mehrheit der Mitglieder gegen ein Referendum stellte. Die Verbindung zur AUNS besorgte Otto Fischer, der 1953 bis 1983 ein «prägendes Mitglied» des «Redressement»-Vorstandes war. Heute macht das wohl «Redressement»-Direktor Rohr selber, der auch AUNS-Mitglied ist. Vizepräsident war bis Frühling 1994 Ständerat Markus Kündig.

Es ist das alte Lied vom Filz zwischen Politik und Wirtschaft in der Schweiz. Aber alte Wahrheiten sind nicht weniger wahr, nur weil sie alt sind.

Der rechte Schweizer

Eine deutsche Wochenzeitung hat geschrieben: «Wenn Christoph Blocher kein typischer Schweizer ist, dann ist es niemand.» Wahrscheinlich hat nicht nur dieser Journalist ein klischeehaftes Bild von der Schweiz und den Schweizern im Kopf, sondern auch viele Schweizerinnen und Schweizer selber. Dafür sorgen Leute wie Christoph Blocher.

Vielleicht hat die Zeitung auch an jenen Schweizer Schriftsteller gedacht, der vor zwanzig Jahren in seinem «Dienstbüchlein» über den rechten Schweizer geschrieben hat. Max Frisch ist tot, er kann sich nicht mehr wehren, alle zitieren sie ihn, auch die ihn gehasst haben. Nur die Passagen über den rechten Schweizer zitieren sie nicht. Das müssten sie aber, denn, so scheint's, wir haben endlich einen gefunden.

Der rechte Schweizer ist ein Konservativer. Er ist die Mehrheit. Deshalb ist die Schweiz ein konservatives Land. Und deshalb braucht es viele Konservative in der Schweiz. Zum Beispiel Christoph Blocher.

Was ist das, ein Konservativer? Woran erkennt man ihn? Der Konservative redet nicht von Utopien, das tun nur seine Gegner, er glaubt auf dem Boden der Tatsachen zu stehen, dort, wo rechts gefahren wird. Das Gegebene, die *Lebenswirklichkeit*, trägt er als Monstranz vor sich her. Sie ist ihm heilig.

Den Aufklärern wirft er vor, dass sie die Wirklichkeit, die Realität, um die Ecke biegen. *Es ist allerdings mit aller Bestimmtheit und Schärfe festzuhalten: Wir haben keine Zeit mehr, interessant scheinende Erörterungen in theoretischem Kauderwelsch zu halten und das unnütze Jongleurspiel mit den Seifenblasen unwirklicher Träumereien nach einer «neuen Menschheit» weiterzutreiben. Wir werden die einfachen Gegebenheiten der Natur, des Lebens und der Geschichte erneut beachten müssen*, sagt B. Warum haben wir keine Zeit mehr? Zeit ist nicht etwas, was man hat oder nicht hat; man nimmt sie sich. Einige nehmen sie sich, um zu träumen, andere nehmen sie sich, um im Börsenstall Aktien zu befruchten.

Theorie, Abstraktion und Konsorten sind dem Konservativen träumerische Zangengeburten, er lehnt sie ab und damit auch jede Art von Kritik. Was ist, muss nicht begründet werden, denkt er, weil es da ist. *Wie vermessen ist es von uns Menschen, an diesen Grundgegebenheiten (...) etwas ändern oder auch nur daran vorbeikommen zu wollen.* Die Grundgegebenheiten sind Arbeit und Autorität. Zur Armeeabschaffungs-Initiative wurde in der Zürcher SVP die gegnerische Meinung nicht angehört, weil das laut Blocher für die SVP *wohl etwas heuchlerisch* gewesen wäre und *weil diese Sache in der SVP nie ein Thema gewesen* sei. Über gewisse Sachen diskutiert der Konservative nicht.

Der Konservative ist davon überzeugt, ein Tatmensch zu sein. Er bevorzugt das Konkrete. Er stellt die Forderungen des Tages ins Feld, dünkt sich pragmatisch. Das ist die heute weitverbreitete Variante konservativer Utopiefeindlichkeit. Einem Liberalen wirft er vor, nicht entscheiden und handeln zu können. Der Liberale denkt im Sowohl-Als-auch, er sucht die Vermittlung und den Kompromiss (in idealer Ausführung zumindest). Der Konservative denkt im Entweder-Oder, deshalb kämpft er für Autorität und Disziplin. Alle Unentschiedenheit ekelt ihn an. Die *Entschlusskraft* gibt ihm die nötige Durchschlagskraft (Punch). Die wird von nicht wenigen Menschen bewundert.

Der Konservative redet viel von Führung. Der Mensch als Einzelwesen ist für ihn schwach, unvollkommen, verführbar; deshalb muss er in die Herde (Volk) gesetzt und angeführt werden. *Unterordnung ist aber eine sozusagen naturgegebene Voraussetzung zum Leben überhaupt.* Auf politisch heisst das: Das Volk braucht eine Führungselite. Erst im Selbstopfer, in der Unterordnung, in der Preisgabe seiner eigenen Interessen kommt das Individuum zu seiner wahren Bestimmung. Das Kollektiv wird zur Überperson, zum neuen Subjekt. Das können sein: der Staat, das Volk, die Heimat, die Religion, die Familie. Deshalb sind für den Konservativen die Familie und die Ehe *die*

Urzellen der Gemeinschaft. Deshalb war für Christoph Blocher die Ablehnung des neuen Eherechts *ein Kampf wider die verantwortungslose Gesellschaft,* dessen letzte Schlacht noch lange nicht geschlagen sei, ein Kampf *gegen die überhandnehmende Betonung der Einzelinteressen und den Mangel an Pflichtbewusstsein.*

Der Konservative sieht überall Werte, die am Zerfallen sind, sieht nicht, dass sie nur im Wandel sein könnten. Schon Grossvater Eduard Blocher hat das so beschrieben: «Konservativ ist ein Seelenzustand, der den Gedanken eine bestimmte Richtung gibt, und der Gegensatz dazu heisst neuerungslustig.» Sein Enkel Christoph versteht da keinen Spass. *Ruft die Zeit nicht geradezu nach Selbst-Entfaltung, Selbst-Verwirklichung und Selbst-Bestätigung? (...) Der Mensch ist sich selbst zum Mittelpunkt aller Dinge geworden! (...) Es handelt sich um nicht viel anderes als um Auflösungserscheinungen, um einen «Über-mut» gleichsam. Dieser Übermut ist aufgekommen, weil keine ordnenden, keine demütigenden und keine disziplinierenden Lebensbedingungen mehr vorhanden waren.* «Der Konservative ist konservativ, weil er den Menschen nicht zutraut, dass sie einschneidende Neuerungen ertragen, ohne dass schwerer Schaden entsteht», schrieb Grossvater Blocher.

In der liberalen Utopie – grösstmögliches Glück der grösstmöglichen Zahl, individuelle Freiheit und gleichzeitig Rechtssicherheit – sieht der Konservative nur *selbstsüchtige Begehrlichkeit.* Selbstverwirklichung und Selbstentfaltung kann B. nicht hören, da wird ihm übel. Ebenso bei folgenden Berufen: Psychologen und Pädagogen. Sie haben seiner Ansicht nach wesentlich zur heutigen *Wohlstandsverlotterung* beigetragen. *Es sei hier an alle unzähligen Verfechter dieser sogenannten Menschlichkeit (unter den Philosophen, Soziologen, Theologen, Psychologen, Pädagogen, Politologen und so weiter) die dringende Bitte gerichtet, einmal rücksichtslos nicht nur ihr Vokabular, sondern auch die allfällig vorhandene Substanz ihrer Anliegen zu prüfen und herauszufinden, ob denn die erhobenen Forderungen und Einwände gegen die heutige Welt nicht vor allem unter diesem Gesichtspunkt zu betrachten seien: der Furcht vor dem Unangenehmen und Schmerzlichen.*

Der Konservative ist ein Gläubiger. Er trinkt nicht aus einem Kelch politischer Ideologie, sondern aus einem Meer von Alltag, den er für die Wirklichkeit hält. Er hat einen *Auftrag*, wie Blocher an einer Albisgüetli-Tagung gleich viermal hintereinander betonte. Die Sache ist ernst, sagt er, *aber nicht hoffnungslos. Unsere Hoffnung besteht im Realismus, in der Demut, in der Tat!*

Blocher glaubt, dass die heutige Zeit *die grundlegenden Dinge des Lebens nicht mehr so sieht, wie sie sind.* Was sind die grundlegenden Dinge? Was ist die *Wirklichkeit?*

Die Arbeit. *Die «eigentliche Lebensbetätigung» wird grundsätzlich in der Freizeit, im Vergnügen, im Nicht-Produktiven, im Geniessen oder – wenn Sie so wollen – im Konsumverhalten und Freudenleben gesehen und gefordert. Das Geniessen der Freizeit wird zum Sinn des Lebens überhaupt! Damit wird die Arbeit zum verhassten Hemmschuh für ein sinnvolles Leben in Freiheit.* Und damit wir weiterhin Hemmschuhe für ein sinnvolles Leben in Freiheit tragen, produziert er Plastik für Snowboardschuhe. Er verdient daran, an dieser Freizeitindustrie. Wie können wir ihm glauben, wenn er ökonomisch an dem verdient, was er gesellschaftspolitisch verteufelt?

Konservative Luken werden geöffnet und ihre Sprengköpfe vorzugsweise in Krisenzeiten scharf gemacht. Also heute zum Beispiel. Nichts gegen die Tradition. Tradition ist aber nicht nur, wenn Blocher uns narkotisiert mit der Legende, die Schweizer seien Bauern, sondern auch, wenn mein Grossvater jeweils erzählt, wie sie den ersten Traktor gekauft haben und den ersten Ladewagen, und diese Geschichte jedesmal wieder ein bisschen anders erzählt.

Der Konservative definiert sich über die Einheit des von ihm Kritisierten, er braucht den Feind wie der Schatten das Licht. Man erkennt ihn daran, dass er sagt, was er nicht will, und nicht, was er will. Konservative Wellen folgen oft auf Zeiten überspannter Hoffnungen sozialer und politischer Utopien. Der Konservative ist heute in seinem Element. Und er bietet uns auch etwas an: Psychohygiene. Auch im Leid des einzelnen findet er noch einen verborgenen Sinn. Alles Unglück hat einen Sinn, darin liegt, das kann man nicht abstreiten, zweifellos etwas Trost.

Bisher habe ich gedacht, den rechten Schweizer gebe es gar nicht, er sei eine Fata Morgana, obwohl er die Mehrheit ist. Dann hat man plötzlich ein Exemplar dieser Gattung vor sich. Max Frisch hat ihn so beschrieben: «Das Gesunde in der Denkart: eine gewisse Bedächtigkeit, alles schnellere Denken wirkt sofort unglaubwürdig. Er steht auf dem Boden der Tatsachen, hemdärmlig und ohne Leichtigkeit. Da der rechte Schweizer eben sagt, was er denkt, schimpft er viel und meistens im Einverständnis mit andern; daher fühlt er sich frei. Er redet, als nähme er kein Blatt vor den Mund.»

Das Gesunde in der Denkart. B. liebt das Gesunde, das Echte, das Unverfälschte. B. will unser Land wieder in *gesunde Bahnen* führen. Er fühlt sich der Sache verpflichtet, was immer das heissen mag. *Die Sachbezogenheit führt zu einer wohltuenden Abneigung gegenüber allem Unechten, gegenüber allem Oberflächlichen, gegenüber kurzlebigen Modetrends. Sie schärft den Blick für das Gültige, das Echte, das Dauerhafte.* Und er ist kein Page, er kuscht nicht, hebt den Hut, aber nur, wenn es ihm passt (Gessler).

Der Gedanke darf nicht zu spitz sein, sonst sticht's, er will nur den runden Griff, nicht die scharfe Schneide. Die lehnt er ab. Deshalb auch den Geist, weil er seinem Wesen nach spitz ist.

Der rechte Schweizer hat eine gutfunktionierende Verdauung und kennt die Psychoanalyse nur vom Hörensagen. Kunst? Nur, wenn sie gesund ist. Anker zum ersten, Mozart zum zweiten, Bächtold zum dritten.

Der rechte Schweizer muss nicht arm sein. Ist er reich, versteht sich sein Reichtum von selbst. Er spricht nicht darüber. Er spielt nicht Reichtum. Das würde ihn nur unnötig verdächtig machen. Christoph Blocher wohnt zwar auf dem Gipfel des Reichtums, aber nicht auf dem Gipfel der High-Society. Er ist kaum parkettsicher, dafür aber börsenparkettsicher. Das macht ihn nicht unsympathisch, aber auch nicht sympathischer. Er ist nicht drin in dieser Welt der Ladys, der Diplomaten, wo man nicht Tennis spielt, sondern etwas Tennis, da wird man hineingeboren oder eben nicht. Er hat auch etwas Geld, aber das investiert er wieder, zum Beispiel in seine zwei Schlösschen.

Wir leben in einer verstrubelten Zeit. Sind unsicher geworden. Und da kommt einer und will uns erklären, welche Farbe die

Schweizerfahne hat. Die Unsicherheit ist der Sand, auf dem die mit der feinen Witterung ihre Herrschaft aufbauen. Blocher ist so einer mit der feinen Witterung.

Es ist unsere Unsicherheit, worauf sie ihre Herrschaft bauen.

Kurzbiographie Christoph Blochers

Christoph Blocher wurde 1940 als siebtes von elf Kindern in eine Pfarrersfamilie in Laufen-Uhwiesen am Rheinfall hineingeboren. Primar- und Sekundarschule in Laufen-Uhwiesen, danach eine zweijährige Landwirtschaftslehre mit anschliessenden Praktika und Besuch der landwirtschaftlichen Schule Winterthur-Wülflingen. Beginn der militärischen Laufbahn bis zum Obersten (Luftschutz). Ab 1961 bereitete er sich auf dem zweiten Bildungsweg auf die Matur vor (Typ C, später auch Lateinmatur), begann an der ETH Zürich ein Landwirtschaftsstudium, das er aber abbrach zugunsten der Jurisprudenz. Er studierte in Zürich, Montpellier und Paris. Blocher war Werkstudent, gab auch Nachhilfestunden, wobei er einen Sohn Werner Oswalds kennenlernte, des Besitzers und Gründers der Emser-Werke. In dieser Zeit wohnte Blocher in Oswalds Haus in Horgen. 1967 heiratete er.

1969 trat er in den Rechtsdienst der Ems-Chemie AG Oswalds ein. Nach zwei Jahren war er Vizedirektor und Generalsekretär des Unternehmens. 1971 promovierte er mit einer Arbeit über «Die Funktion der Landwirtschaftszone und ihre Vereinbarkeit mit der schweizerischen Eigentumsgarantie». 1972 trat er in die SVP ein, 1974 bis 1978 war er im Gemeinderat Meilen, 1975 bis 1980 Zürcher Kantonsrat. Seit 1977 ist er Präsident der SVP des Kantons Zürich und seit 1979 Nationalrat.

1979 wurde Blocher Delegierter des Verwaltungsrates der gesamten international tätigen Ems-Gruppe, 1983 gelangte er in den Besitz der Firma (Mehrheitsaktionär), nachdem Werner Oswald 1979 gestorben war.

Schriftliche Quellen und Darstellungen (Auswahl)

Abt, Hansjörg: Emser Wasser auf Blochers Mühlen, in: Neue Zürcher Zeitung vom 2.9.1983.
ders.: Ems-Chemie-Gruppe armiert ihr Finanzfundament, in: Neue Zürcher Zeitung vom 24.9.1985.
ders.: Die Visionen des Martin Ebner, in: Bilanz 1/1994.
Amtliches Bulletin des Nationalrates 1979–1992.
Aschinger, Richard: Emser-Manager-Duell setzt 2000 Arbeitsplätze aufs Spiel, in: Tages-Anzeiger vom 11.8.1977.
Bächtold, Kurt: Albert Bächtold – 1891–1981: Mundartschriftsteller, Schaffhausen 1986.
Baumgartner, Hans-Ulrich: Agrargeschichte und Agrarpolitik der Schweiz in der Zwischenkriegszeit von 1920–1940. Lizentiat bei Prof. Dr. Rudolf Braun, Zürich 1981 (Manuskript).
Baumgartner, Peter: Es streiten sich nur die Spitzen der SVP, in: Tages-Anzeiger vom 21.1.1993.
Bertolami, Silvio: Wie Christoph Blocher zu Macht und Reichtum kam, in: Weltwoche vom 1.10.1987.
Blocher, Christoph: Wo kein Wille, ist auch kein Weg. Referat am 34. Herbstseminar des «Redressement National» vom 19. bis 21.9.1985 in Mürren.
ders.: Zeit ohne Richtung? Orientierungslosigkeit als Merkmal von Politik und Gesellschaft der Gegenwart. Referat an der «Schweizerzeit»-Herbsttagung vom 10.11.1990 in Winterthur, in: Schweizerzeit-Schriftenreihe Nr. 8, Flaach 1991.
ders.: Der EWR-Vertrag. Eines freien Volkes unwürdig. Vortrag an der Delegiertenversammlung der Zürcher SVP am 3.7.1992 im Albisgüetli Zürich, in: Schweizerzeit-Schriftenreihe Nr. 12, Flaach 1992.
ders.: Anpassung und Widerstand. Referat an der Albisgüetli-Tagung vom 24.1.1992 in Zürich (vom Redner autorisierte Tonbandaufzeichnung), in: Schweizerzeit-Schriftenreihe Nr. 11, Flaach 1992.
ders.: EWR. Der falsche Weg für die Schweiz, Broschüre, o.O. 1992.
ders.: Unser Standort – unser Auftrag! Politische Standortbestimmung nach dem Nein zum EWR-Beitritt. Rede an der Delegiertenversammlung der SVP Zürich im Albisgüetli vom 29. Januar 1993 in Zürich, in: Schweizerzeit-Schriftenreihe Nr.14, Flaach 1993.
ders.: Arbeit, Karriere, Leistungsfähigkeit. Selbstverständlichkeit im Zwielicht? Gekürztes Referat der Herbsttagung «Menschen, Karriere und Strukturen» der Sperry AG vom 26.10.1981 im Kongresshaus Zürich, gedruckt als Nr. 6 in der Schriftenreihe der SVP.
ders.: Siehe, die Erde ist nicht verdammt. Albert Anker-Ausstellung als politischer Fingerzeig, SVP-Pressedienst, Bern 1985.
ders.: Wolfgang Amadeus Mozart – ein Industrieller?, in: Bündner Tagblatt vom 19.8.1992.
ders.: Kampf wider die verantwortungslose Gesellschaft geht weiter, SVP-Pressedienst, Bern 1985.

ders.: Asylpolitik zwischen Brutalität und Schwäche, Pressedienst SVP, Bern 1986.
ders.: Eröffnungsrede anlässlich des SVP-Parteitages und der Delegiertenversammlung vom 29.6.1979 in Regensdorf (Manuskript).
ders.: Krawalle: wir haben genug! Einführungsreferat anlässlich des ausserordentlichen Parteitages der SVP des Kantons Zürich vom 13.1.1981 (Manuskript).
ders.: Dr. Werner Oswald zum Gedenken, in: Neue Zürcher Zeitung vom 10./11.3.1979.
ders.: Die Erhaltung der Leistungsfähigkeit der Unternehmung. Erwartung und Verpflichtung. Gekürztes Referat der Herbsttagung der Studiengesellschaft für Personalfragen vom 3.11.1983, in: Schriftenreihe der SVP, Nr. 6, Bern 1985.
ders.: Vom Geheimnis der Führung, in: Betriebswirtschaftliche Beilage zur Neuen Zürcher Zeitung vom 29.5.1990.
ders.: Der Unternehmer: Wolf, Kuh oder Pferd?, in: Beilage «Unternehmertum» zur Neuen Zürcher Zeitung vom 17.2.1994.
Blocher, Eduard: Die deutsche Schweiz in Vergangenheit und Gegenwart, Stuttgart 1923.
ders.: Über Schädigungen der Schüler durch Fremdsprachenunfug, o.O., o.J.
ders.: Sind wir Deutsche? Sonderabdruck aus «Wissen und Leben», Heft 8, 1910.
ders.: Konservativ, in: «Wissen und Leben», 1910/11, S. 864–875.
Blocher, Gerhard: Die geistige Situation des Soldaten im Dienst, in: Allgemeine Schweizerische Militärzeitschrift, Nr. 1, Januar 1977.
ders.: Führungslosigkeit aus Scheu vor Leiden. Kirche ohne Führung ist keine Kirche, in: Betriebswirtschaftliche Beilage zur Neuen Zürcher Zeitung vom 29.5.1990.
Blocher, Hermann: Die Alkoholfrage in ihrem Verhältnis zur Arbeiterfrage, Vortrag am 24.3.1895 in Winterthur.
Blocher, Wolfram: Lebenslauf des Eduard Blocher-Wigand, verfasst von seinem Sohn Wolfram Blocher und verlesen anlässlich der Bestattungsfeier am 28. März 1942 in der Kirche zu Kilchberg bei Zürich.Bulletin der Aktion für eine unabhängige und neutrale Schweiz (AUNS) 1986–1993.
Chronik der Emser-Werke, in: Viva, Sozialistische Monatszeitschrift Graubündens vom Juni 1976 (5. Jg.).
Das System Hovag, in: Neue Zürcher Zeitung vom 7.5.1956.
Der Zürcher Bauer, Organ des Zürcher landwirtschaftlichen Kantonalvereins und der Schweizerischen Volkspartei des Kantons Zürich. Jahrgänge 1979–1993
Die Gebrüder Oswald im Angriff, in: Die Tat vom 4.4.1957.
Die Kraftanstrengung Blochers, in: Finanz und Wirtschaft vom 3.9.1983.
Die Verdrehungskünste Dr. Pestalozzis, in: Finanz und Wirtschaft vom 4.7.1958.
Die Vertrauensfrage der Hovag, in: Neue Zürcher Zeitung vom 2.5.1956.
Droeven, Anne Marie: Interview mit Christoph Blocher, in: Bilanz 5/1989.
Dubiel, Helmut (Hg.): Populismus und Aufklärung, Frankfurt 1986.
Ein Hoch auf den Filz. Politik im Verwaltungsrat – stolze Löhne in der Schweiz AG, in: Beobachter 12/1989.
Ems – die Pfründe der Familie Oswald, in: Finanz und Wirtschaft vom 27.4.1956.
Emser-Geheimpolitik und Dumpingexporte, in: Finanz und Wirtschaft vom 13.4.1956.
Finanzielle und personelle Verflechtungen im Emser-Konzern, in: Finanz und Wirtschaft vom 20.1.1956.

Flütsch, Andreas/Winter, Wolfgang: Martin Ebner – Mann des Monats, in: Bilanz 1/1989.
Frisch, Max: Dienstbüchlein, Frankfurt 1974.
Frischknecht, Jürg, u. a.: Die unheimlichen Patrioten, Zürich 1987⁶.
Frischknecht, Jürg: «Schweiz wir kommen», Zürich 1991².
Fröhlich, Hans/Müller, Bernhard: Überfremdungsdiskurse und die Virulenz von Fremdenfeindlichkeit vor dem Hintergrund internationaler Migrationsbewegungen, Dissertation, Zürich 1993 (Manuskript).
Fünfzig Jahre Ems-Chemie AG – ein Jubiläumsporträt. Beilage zum Bündner Tagblatt vom 18.9.1992.
Gautschi, Willi: General Henri Guisan, Zürich 1989³ (zur Offiziersverschwörung s. S. 235–266).
Hanhart, Joseph (Hg.): Kreuz- und Querverbindungen im Parlament 1991–1995, Carouge u. a. 1992.
Hitler, Adolf: Mein Kampf, Eine Abrechnung, Bd. 1, München 1933¹⁶.Holenstein, Carl: Mit dem Rücken zur Zukunft: Die geistige Welt des James Schwarzenbach, Zürich 1971.
Hovag und Patvag, in: Neue Zürcher Zeitung vom 21.4.1956.
Jenny, Beat Alexander: Interessenpolitik und Demokratie in der Schweiz, dargestellt am Beispiel der Emser-Vorlage, Basler Dissertation, Zürich 1966.
Jost, Hans Ulrich: Die reaktionäre Avantgarde: Die Geburt der neuen Rechten in der Schweiz um 1900, Zürich 1992.
Junker, Beat: Bauernparteien in der Schweiz, in: Heinz Gollwitzer (Hg.), Europäische Bauernparteien im 20. Jahrhundert, Stuttgart 1977.
Keine Wirtschaftsspionage bei den Emser-Werken, in: Neue Zürcher Zeitung vom 30./31.7.1977.
Knöpfli, Adrian: Paul Eisenring – mitten drin im Bankenfilz, in: Volksrecht vom 28.11.1983.
Landsgemeinde auf dem Zürcher Münsterhof, in: Neue Zürcher Zeitung vom 29.11.1980.
Laur, Ernst: Die schweizerische Bauernpolitik im Lichte einer höheren Lebensauffassung, Aarau 1919.
ders.: Die nationale Bewegung und der Schweizerische Bauernverband, Vortrag gehalten an der Delegiertenversammlung des SBV vom 4.9.1933 in Bern.
ders.: Erinnerungen eines schweizerischen Bauernführers, Bern 1942.
Lebrument, Hanspeter: Hickhack um Emser-Werke, in: Weltwoche vom 26.4.1977.
Lenk, Kurt: Deutscher Konservatismus, Frankfurt 1989.
Michel-Alder, Elisabeth: «Es gibt keine Gemeinschaft auf gleichem Fuss», Interview mit Christoph Blocher, in: Tages-Anzeiger-Magazin vom 25.6.1983.
Nachruf auf Fritz Blocher, in: Der öffentliche Dienst VPOD vom 10.6.1977.
Neidhart, Leonhard: Welche «politische Klasse» hat die Schweiz? Populistische Anfechtungen der politischen Strukturen, in: Neue Zürcher Zeitung vom 29.7.1993.
Neue Emser-Gelüste nach Bundes-Millionen, in: Finanz und Wirtschaft vom 12.10.1956.
Oehler, Hans: Eduard Blocher – ein Wegbereiter, Sonderabdruck aus Nationale Hefte, September 1942, S. 281–305.
van Orsouw, Michael: Paul Eisenring, ein Report, in: Bilanz 4/1990.

Parma, Viktor: Der Neinsager vom Dienst, in: Bilanz 11/1990.
Pfiffner, Fritz: Finanzstar Martin Ebner, in: SonntagsZeitung vom 6.3.1994.
Plädoyer Haiders für Österreichs Dritte Republik, zum Buch Haiders: «Die Freiheit, die ich meine», in: Neue Zürcher Zeitung vom 1.12.1993.Presseorientierung der Ems-Chemie AG vom 15.9.1992 zum Kollektivarbeitsvertrag der Ems-Chemie AG und zur Auseinandersetzung mit der GTCP.
Rentsch, Hans U.: Werner Oswald (1904–1979). Bürge der Treibstoffversorgung der Schweiz im Zweiten Weltkrieg, Zürich 1985 (Reihe: Schweizer Pioniere der Wirtschaft und Technik, Bd. 43).
Scharsach, Hans-Henning: Haiders Kampf, Wien 1992[10].
Schiltknecht, Kurt: Ein Schritt in die falsche Richtung, in: Neue Zürcher Zeitung vom 19./20.2.1994.
Schneider, Markus: Kurt Schiltknecht – Mann des Monats, in: Bilanz 11/1987.
Schweizerzeit. Konservative Zeitung für Unabhängigkeit, Föderalismus und Freiheit. Jahrgänge 1991–1993.
Spionagekrieg der Emser-Werke?, in: Der Schweizerische Beobachter vom 31.8.1977.
Strehle, Res/Sigerist, Jürg: Losgekoppelt, in: Bilanz 9/1985.
Tschäni, Hans: Wer regiert die Schweiz?, Zürich 1983.
Unabgeklärte Fragen um Ems, in: Neue Zürcher Zeitung vom 15.4.1956.
Urner, Klaus: Die Deutschen in der Schweiz, Frauenfeld/Stuttgart 1976.
Verkauf der Ems-Chemie?, in: Bilanz 9/1983.
Waeger, Gerhart: Die Sündenböcke der Schweiz, Olten 1971.
Weber, Max: Gesammelte Aufsätze zur Religionssoziologie, Band I, Tübingen 1988.
Werffeli, Gabriele u.a.: Zürich einfach – der neue Politstil der SVP, in: Das Magazin des Tages-Anzeiger und der Berner Zeitung vom 19.2.1994.
Winkler, Stephan: Die «Stimmen im Sturm» (1915–1916) und die «Deutschschweizerische Gesellschaft» (1916–1922), Lizentiat bei Prof. Dr. Markus Mattmüller, Basel 1983 (ungedruckt).
Winter, Wolfgang: Visionen im Dreierpack, in: Bilanz 1/1992.
Wolf, Ernst: Eugen Blocher (1882–1964), in: Basler Stadtbuch 1966, S. 134–140.